REPARACIONES
y RENOVACIONES

ventanas
y puertas

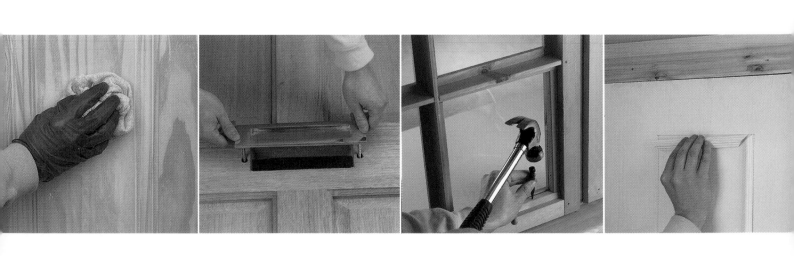

REPARACIONES y RENOVACIONES

ventanas y puertas

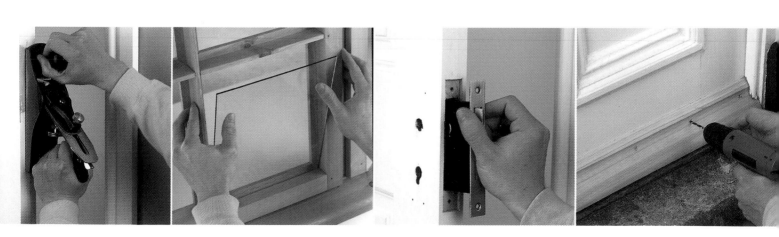

Julian Cassell & Peter Parham

ventanas y puertas **contenido**

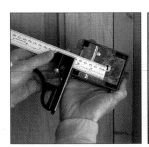

Las cerraduras y los accesorios de seguridad son elementos esenciales de cualquier puerta exterior (v. pág. 68).

*Pintar una puerta exige un cierto método en cuanto a orden
en el trabajo (v. pág. 106 para consejos prácticos).*

introducción

Hacer trabajos para mejorar la propia vivienda se está convirtiendo en un pasatiempo de moda y cada vez hay más personas entusiastas que prefieren hacer ellos mismos los trabajos que se solían encargar a profesionales. Tomar uno mismo a su cargo un proyecto y ejecutarlo desde la planificación al toque final puede ser más gratificante que contratar a alguien, pero además garantiza que el aspecto final coincidirá con el deseado, y todo ello con un coste de trabajo mínimo que dará lugar a un verdadero ahorro de dinero.

Pensando en hacer cambios

Las puertas y ventanas son una parte importante de la configuración y diseño de una casa, y puesto que se ven desde dentro y desde fuera de la casa, juegan un papel clave a la hora de establecer el estilo y aspecto total de una casa. Tomar decisiones sobre algún tipo de trabajo de renovación relacionado con estos elementos requiere, por tanto, un cuidadoso análisis y una buena evaluación de los efectos que cualquier cambio puede tener.

Las puertas y ventanas son claramente partes muy funcionales de la casa, pero también tendrán que estar en consonancia con el diseño. En cierta medida, la importancia de un buen funcionamiento se ha hecho extensiva, en los últimos tiempos, a otros factores como seguridad y aislamiento, cuya importancia ha aumentado muchísimo. Los fabricantes están constantemente introduciendo cambios para satisfacer estas nuevas exigencias.

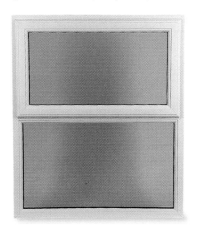

En opinión de algunos, los avances más revolucionarios de las dos últimas décadas han sido el doble acristalamiento y las ventanas de pvc. Inicialmente, estos avances no tenían en cuenta el diseño y las propiedades estéticas, porque se concentraban únicamente en las características de funcionalidad. En la actualidad, las opciones son cada día mayores y el mercado está lleno de nuevas ideas y diseños, de modo que usted podrá con casi total seguridad encontrar las puertas o ventanas que correspondan a sus necesidades.

Como siempre, los gustos y preferencias personales son los puntos más importantes a considerar a la hora de escoger puertas y ventanas. Sin embargo, de todos los elementos que componen el conjunto de una casa, éstos suelen requerir cierto cuidado a la hora de conseguir un aspecto armonioso con el conjunto de la vivienda.

Tratándose de cualquier trabajo de renovación, una vez que se han tomado las decisiones concernientes al proyecto que se va a llevar a cabo, hará falta que usted evalúe sus propias capacidades y decida si puede terminar todo el trabajo por sí mismo o si necesita consejo de un profesional.

Tanto la sustitución de una ventana, como la de una puerta de entrada, o incluso el cambio de todas las puertas del interior, pueden ser proyectos muy caros que aunque se abaraten porque usted lleva a cabo la mayoría del trabajo, habrá que atenerse siempre a ciertas limitaciones presupuestarias que deberían establecerse antes de comenzar los trabajos. En muchos casos habrá que contentarse con hacer una reparación de las puertas y ventanas ya existentes en vez de llevar a cabo una sustitución completa de las mismas, sobre todo si se está contento con el diseño de las que se tiene.

Tratándose de los elementos de exterior, la intemperie puede causar daños en las superficies que pueden aumentar hasta un nivel crítico, y por supuesto las reparaciones de los exteriores deberán ser una preocupación prioritaria. Además, una vez que el deterioro es patente se hace imprescindible una sustitución completa, de modo que llevando a cabo las reparaciones necesarias en el momento oportuno usted estará ahorrando dinero a la larga. Aunque las reparaciones en el interior de la casa son algo menos apremiantes en materia de velocidad de deterioro, pueden también ser igual de importantes. Por ejemplo, unas puertas o ventanas que se atascan puede que no supongan un problema desde el punto de vista del deterioro, pero hay que asignarles un nivel alto en la lista de molestias personales de la vida diaria.

En muchos casos se pueden evitar reparaciones futuras siguiendo los correctos procedimientos de instalación. Puede que usted haya heredado problemas causados por anteriores propietarios de la casa, pero en el caso de que usted esté instalando nuevos elementos recuerde que el uso de las técnicas correctas reducirá la probabilidad de futuros problemas. Colocando correctamente las bisagras, asegurándose de que las nuevas ventanas son a prueba de agua, utilizando las pinturas y barnices para madera más adecuados, son todos ejemplos de algunos aspectos que si se abordan a la ligera pueden causar, con el paso del tiempo, problemas muy serios. Si se siguen los procedimientos correctos para la instalación de materiales nuevos, tal como se detalla en este libro, indudablemente se ahorrará a la larga muchas reparaciones.

Recuerde siempre que es de la mayor importancia que siga los procedimientos de seguridad correctos y utilice

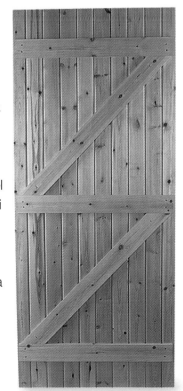

los materiales de seguridad que sean necesarios para la tarea específica que va a realizar. Todos los puntos de seguridad se tratan en cada capítulo cuando surge la necesidad, pero siempre vale la pena insistir sobre la necesidad de las buenas prácticas de trabajo en todo lo que concierne a la seguridad, antes de iniciar cualquier tarea de bricolaje.

Las puertas y ventanas son elementos que merecen atención e importancia prioritarias cuando se tratan temas de reparaciones y renovaciones en la casa. Ya esté usted trabajando para mejorar el aspecto de su casa, aumentar su eficacia o ambas cosas al mismo tiempo, siempre vale la pena recordar que esos esfuerzos son casi siempre productivos. Al mismo tiempo que se aumenta el valor de la casa, hay a menudo una gran recompensa ligada a la mejora del aspecto general que se logra y a un aumento de calidad de vida de los que usted podrá sentirse el principal responsable.

En muchos aspectos el bricolaje se percibe como una tarea ardua, pero siempre lleva asociada la gran satisfacción de ver admirado el propio trabajo.

El formato de este libro ha sido pensado para proporcionar unas instrucciones de trabajo lo más claras y sencillas que sea posible. La ilustración que se muestra abajo da una idea de los diferentes elementos que se incorporan en el diseño de página. Las fotos y gráficos en color combinados con texto explicativo y ordenados paso a paso proporcionan unas instrucciones fáciles de seguir. Los recuadros de texto que acompañan cada proyecto van encaminados a llamar la atención sobre puntos de seguridad, consejos generales y otras opciones alternativas.

9

Clasificación de la dificultad

Los siguientes símbolos se utilizan para dar una indicación del grado de dificultad de las tareas y proyectos específicos contenidos en el libro. Lo que para una persona puede ser un trabajo fácil puede ser difícil para otra, o al contrario. Estas indicaciones de dificultad están basadas en la habilidad de un individuo en relación con su experiencia y el grado de capacidad técnica requerido.

Sencillo y que no requiere especialización técnica

Sencillo pero que requiere un cierto nivel técnico

Difícil y puede incluir más de un tipo de trabajo

Requiere un alto nivel técnico y puede incluir diferentes técnicas

Los recuadros de seguridad pintados en rosa para darles mayor énfasis, resaltan los puntos de seguridad importantes relacionados con cada proyecto.

Los recuadros con consejos proporcionan recomendaciones útiles de profesionales experimentados, sobre la mejor forma de llevar a cabo un trabajo en particular.

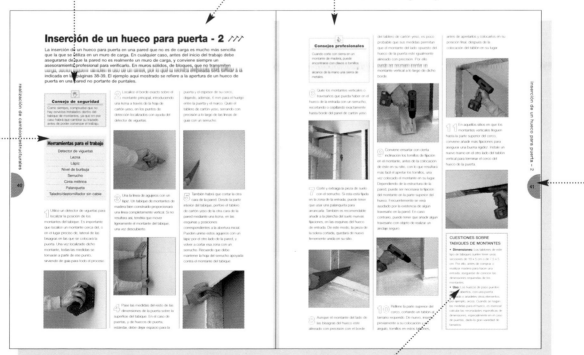

Al comienzo de cada proyecto se da una lista de las herramientas necesarias.

Los recuadros de opciones ofrecen información adicional sobre los trabajos relacionados con los proyectos en curso.

Los círculos de un determinado color le ayudarán a encontrar fácilmente la página cuando consulte otros capítulos.

anatomía de puertas y ventanas

Como en cualquier otra parte de su casa, el diseño y la configuración de las puertas y ventanas variará de acuerdo con numerosos factores. La edad de su casa, decisiones adoptadas por propietarios anteriores, sus preferencias particulares en lo que concierne al aspecto, así como la utilidad específica de una puerta o ventana, son factores que afectan a los tipos de puertas y ventanas existentes en su hogar. Antes de realizar cambios, o de restaurar puertas y ventanas, es por tanto necesario tener algunos conocimientos sobre las diferentes estructuras disponibles, así como sobre cómo éstas se relacionan con las paredes en que se instalan, de modo que cuando se vaya a ejecutar el cambio, se pueda tener una buena comprensión del trabajo necesario para cada una de las tareas.

11

Una ventana de arco deja entrar una mayor cantidad de luz, y suaviza el aspecto general de cualquier habitación.

tipos y construcción de puertas

Hay una gran diversidad de diseños de puertas, pero todos presentan funciones y características comunes. Muchas de las variaciones en su estructura provienen de los materiales utilizados. Éstos, a su vez, dependen del coste y, de ese modo y hasta cierto punto, la estructura y la calidad son denominadores comunes en el diseño de las puertas. Los ejemplos mostrados aquí ilustran una sección de distintos tipos de puerta y ayudan a la comprensión de las diferencias en el diseño de puertas.

Puertas de paneles de madera

Las puertas de paneles de madera son de uso muy común y se fabrican en una amplia gama de calidades. Las variedades de madera blanda son mucho menos caras que las de madera dura, usándose estas últimas en puertas de entrada principales.

Los paneles superiores pueden ser de vidrio, en lugar de madera maciza. Una opción bastante usada en puertas de entrada de maderas duras

Unión de mecha sencilla

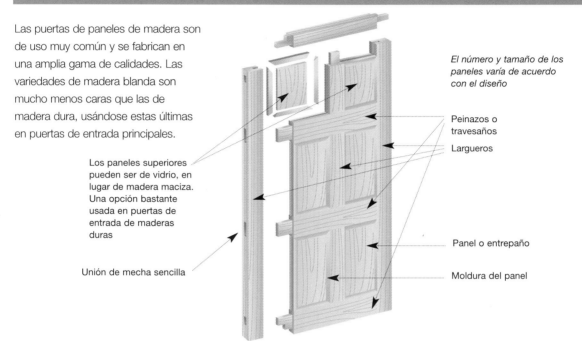

El número y tamaño de los paneles varía de acuerdo con el diseño

Peinazos o travesaños

Largueros

Panel o entrepaño

Moldura del panel

Puertas de travesaños y riostras

Este diseño de puerta, más tradicional y rústico, ofrece un aspecto totalmente diferente. Su construcción se basa en la unión en vertical de varias tablas, reforzadas por travesaños diagonales y horizontales.

A veces estas puertas se refuerzan con largueros verticales y peinazos horizontales para conseguir una estructura más fuerte.

Las bisagras irán montadas sobre los rebordes. Estas bisagras serán en forma de T (por ejemplo véase la bisagra antigua de hierro de la página 54).

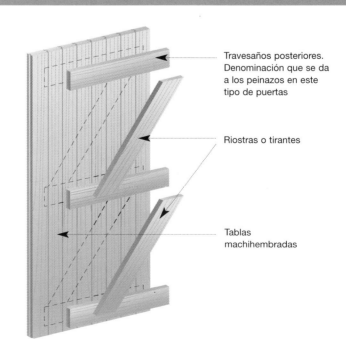

Travesaños posteriores. Denominación que se da a los peinazos en este tipo de puertas

Riostras o tirantes

Tablas machihembradas

Puertas lisas (macizas)

Las puertas lisas macizas presentan una superficie sin relieve, sin característica alguna de entrepaños. Los materiales utilizados en su construcción varían, pero el armazón de la puerta está hecho de tablas de maderas blandas, y la superficie misma de la puerta suele ser de contrachapado.

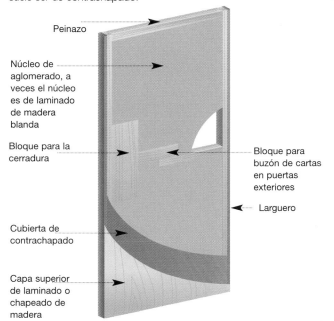

Peinazo

Núcleo de aglomerado, a veces el núcleo es de laminado de madera blanda

Bloque para la cerradura

Bloque para buzón de cartas en puertas exteriores

Larguero

Cubierta de contrachapado

Capa superior de laminado o chapeado de madera

Puertas lisas (huecas)

Esta versión más barata de las puertas lisas suele usarse únicamente en interiores y ofrece una posibilidad económica para instalar puertas nuevas en toda la casa. Aunque de menor fortaleza, pueden aún utilizarse con un buen resultado.

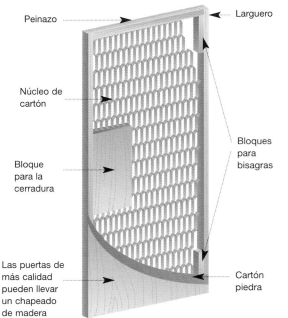

Peinazo

Larguero

Núcleo de cartón

Bloque para la cerradura

Bloques para bisagras

Las puertas de más calidad pueden llevar un chapeado de madera

Cartón piedra

Puertas de pvc

Estas puertas suelen utilizarse en casas en las que se da gran importancia a los cristales dobles y a un buen aislamiento térmico. Se suministran moldeadas y con un marco ajustado, listas para su instalación en el hueco de la pared. Generalmente se usan sólo en puertas exteriores.

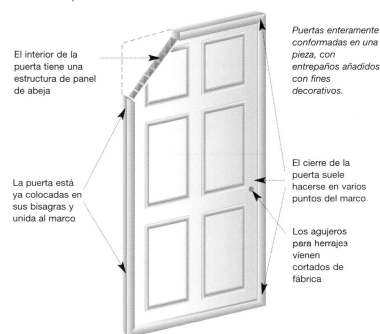

El interior de la puerta tiene una estructura de panel de abeja

Puertas enteramente conformadas en una pieza, con entrepaños añadidos con fines decorativos.

La puerta está ya colocadas en sus bisagras y unida al marco

El cierre de la puerta suele hacerse en varios puntos del marco

Los agujeros para herrajes vienen cortados de fábrica

Consejos profesionales

Maderas blandas: La mayor parte de los problemas de alabeo de las puertas se dan en las de maderas blandas. Por ello, las puertas exteriores suelen hacerse de maderas duras. Aunque pueden usarse las maderas blandas en puertas exteriores, asegúrese en tal caso de comprar materiales de decoración de calidad, que proporcionarán el mejor tratamiento posible de la madera.

Consejo de seguridad

Consideraciones sobre incendios: Antes de comprar una nueva puerta, verifique a qué normativa se ajusta ésta. Esto es particularmente importante en lo que se refiere a su resistencia al fuego. Algunas puertas se suministran específicamente como resistentes al fuego, ya que su diseño incluye la utilización de materiales retardantes en su interior. Es, por tanto, importante que compruebe estos aspectos antes de tomar una decisión final.

cómo se instala una puerta

Todas las puertas se instalan en el interior de un marco o cerco, y las diferencias suelen estar en los mecanismos de articulación y su funcionamiento con relación al marco. El mecanismo de colocación también suele ser algo diferente entre las puertas exteriores y las interiores. Este factor también influye en las diferencias de estructura de las puertas. Las ilustraciones siguientes identifican muchos de los elementos que difieren entre puertas interiores y exteriores, y cómo esto afecta a su relación con el marco o cerco.

Puertas interiores

En este ejemplo se muestra, con fines ilustrativos, una puerta maciza de paneles de madera. Sin embargo, la mayoría de los mecanismos y características mencionadas pueden ser comunes a otros tipos de puertas interiores. Por ejemplo, aunque muchas puertas lisas suelen tener zonas huecas en su estructura interna, el perímetro en sí es sólido, de modo que puedan instalarse las bisagras y mecanismos de apertura.

Moldura del marco cortada en inglete para las uniones de las esquinas

Bisagras. La mayoría de las puertas interiores suelen tener sólo dos bisagras, y éstas suelen tener tres taladros avellanados en cada una de sus dos palas

Borde anterior de la puerta

Borde de las bisagras de la puerta

El cajetín del resbalón aloja el resbalón cuando cierra la puerta

Pasador. Montado en el borde anterior de la puerta

La manilla acciona el mecanismo del pestillo

El galce o renvalso es un rebajo en el marco que proporciona un borde contra el que cierra la puerta

El tamaño escogido del cerco del marco de la puerta está relacionado con el espesor de la pared. Las partes verticales se denominan jambas, y las horizontales, cabeceros

La moldura del marco o tapa. Este elemento decorativo cubre el hueco entre el marco y la superficie de la pared

Las puertas exteriores suelen tener algunos componentes más que las puertas interiores, dado que la seguridad se convierte en un aspecto importante y la puerta incorpora estructuras para contrarrestar el envejecimiento causado por la intemperie.

El cabecero del marco forma la parte horizontal superior del marco

Bisagras. El peso adicional de una puerta exterior hace que se requieran tres bisagras. Éstas suelen tener cuatro agujeros avellanados para los tornillos en cada pala de la bisagra

El galce o renvalso es un rebajo o tope que proporciona un borde de cierre a la puerta

Hembra de cerrojo. Aloja el pasador del cerrojo de caja, cuando se cierra

Cajetín del la cerradura empotrada y el resbalón. Aloja el cerrojo y el resbalón cuando la puerta está cerrada

Jambas, que forman los lados verticales del marco

Llamador

Cerradura cilíndrica (de seguridad) recargada

Manilla o picaporte. Acciona el mecanismo del resbalón

Cerradura empotrada. Combinada con el resbalón e instalada en el borde anterior de la puerta

Umbral o peana

Vierteaguas. Pestaña de protección contra la intemperie

Recogeaguas o gotero

Placa del buzón

Moldura del vierteaguas. La moldura del vierteaguas desvía el agua de lluvia de la base de la puerta

Puertas de patio

Otra variedad frecuente de puerta exterior es la puerta de patio. En muchos casos dispone de bisagras y en otras corre sobre carriles, abriéndose y cerrándose mediante un mecanismo de deslizamiento. En cualquiera de los dos casos, el marco se monta como en cualquier otra puerta exterior. En otras palabras, el marco se fija a la abertura de la pared, y después se añade la puerta. Antes de comprar, verifique que las puertas de patio que elija dispongan de buenas características de seguridad.

Puertas de garaje

Las puertas de garaje, aunque muy diferentes en términos de tamaño y estilo, siguen los mismos principios de montaje que otras puertas exteriores, con la instalación del marco previa a la colocación de la puerta en las bisagras. Las diferencias pueden darse en etapas posteriores, ya que, aun cuando muchas puertas de garaje llevan bisagras en modo similar a las de las puertas exteriores normales, otras tienen mecanismos automáticos de apertura y cierre, que requieren técnicas de montaje muy diferentes.

tipos y construcción de ventanas

Muchas de las diferencias entre tipos de ventanas están relacionadas con el estilo y la época. Hay también que considerar la función de la ventana en términos de propiedades de aislamiento, y hasta dónde se requiere cristales que se abran en la estructura de la ventana. Los ejemplos incluidos ayudan a mostrar muchas de las variedades disponibles, así como las diferencias más importantes en la construcción de cada tipo de ventana.

Ventana normal o de dos hojas, o de bisagras

Estas ventanas tienen partes que se abren mediante bisagras, combinadas con partes fijas. Dentro de esta categoría, los diseños pueden variar considerablemente. (v. págs. 80-81, sobre selección de opciones).

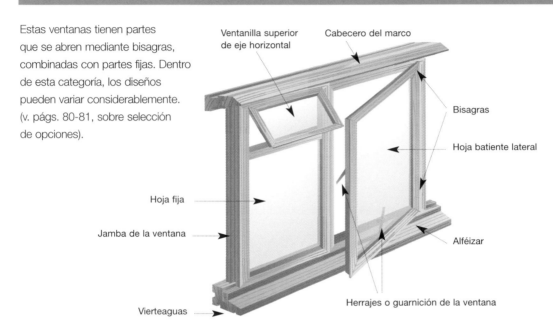

Ventanilla superior de eje horizontal

Cabecero del marco

Bisagras

Hoja batiente lateral

Hoja fija

Jamba de la ventana

Alféizar

Vierteaguas

Herrajes o guarnición de la ventana

Ventana de guillotina

En estas ventanas de aspecto tradicional los marcos de las hojas y los cristales se mueven a lo largo del marco de la ventana por medio de un mecanismo de cordajes y poleas. Hay variedades modernas que pueden usar cadenas o contrapesos de resorte.

Poleas

Cabecero del marco.

Cordajes

Cabecero del vástago

Nervadura de partición

Carriles

Hoja superior

Herraje de la ventana

Contrapesos

Hoja inferior

Alféizar

Ventanas de techo

El diseño de este tipo de ventanas varía notablemente con relación al de las ventanas normales y se basa en el principio de su instalación en un tejado inclinado. Se retiran las tejas y se coloca la ventana, o se corta en el armazón de maderas del tejado, añadiendo algún refuerzo adicional.

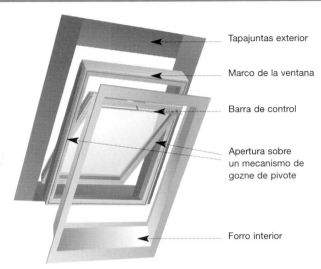

Tapajuntas exterior

Marco de la ventana

Barra de control

Apertura sobre un mecanismo de gozne de pivote

Forro interior

Mirador, ventana saliente

Las ventanas salientes de mirador son ventanas grandes que sobresalen de la superficie de la pared de la casa, a menudo situada a cualquiera de los lados de la puerta principal o entrada. Su estructura suele ser de la forma de las ventanas de dos hojas, en la que se han unido una serie de secciones.

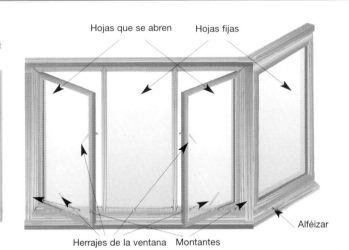

Componentes separados que se unen para completar la forma de la ventana

Hojas que se abren

Hojas fijas

Alféizar

Herrajes de la ventana

Montantes

Ventanas de pvc

Estas ventanas proporcionan un aislamiento mucho mejor que la mayoría de las ventanas de otros tipos. Pueden tener la forma de las ventanas de bisagras o de guillotina, dependiendo del diseño de los fabricantes. Como consecuencia de su eficiencia térmica y su bajo mantenimiento, el uso de esta estructura es cada vez más frecuente entre los propietarios de casas.

Cabecero del marco

Bisagra de fricción

Vidrio de alta eficiencia térmica

Herrajes de ventana

Puntos de cierre

Hoja que se abre

Agujero de drenaje

cómo se instalan las ventanas

De forma general, el principal factor determinante en la colocación de las ventanas es el tipo de pared en la que van a instalarse, según se trate de paredes macizas o con cámara de aire. El primer caso suele darse en casas antiguas, en las que suelen prevalecer las paredes macizas, mientras que es más probable encontrar paredes con cámara de aire en las casas modernas. Aquí se indican las cuestiones generales aplicables a ambos casos, mostrando las características más importantes de la instalación de ventanas en estos dos tipos frecuentes de muro.

Paredes macizas

La mayoría de las casas modernas tiene las paredes con hueco en el medio, pero si tiene que reemplazar ventanas en una vieja propiedad, necesita entender cómo están instaladas, de modo que la sustitución pueda realizarse usando las técnicas adecuadas. La principal diferencia estriba en el hecho de que es poco probable encontrar, alrededor de la ventana, en las propiedades antiguas, una protección antihumedad. Por tanto, la sustitución de la ventana sólo requiere la colocación de la nueva ventana en la posición ocupada por la antigua. Una vez colocada en su sitio la nueva ventana, se sella la junta entre el marco y la obra de albañilería con mortero y sellador.

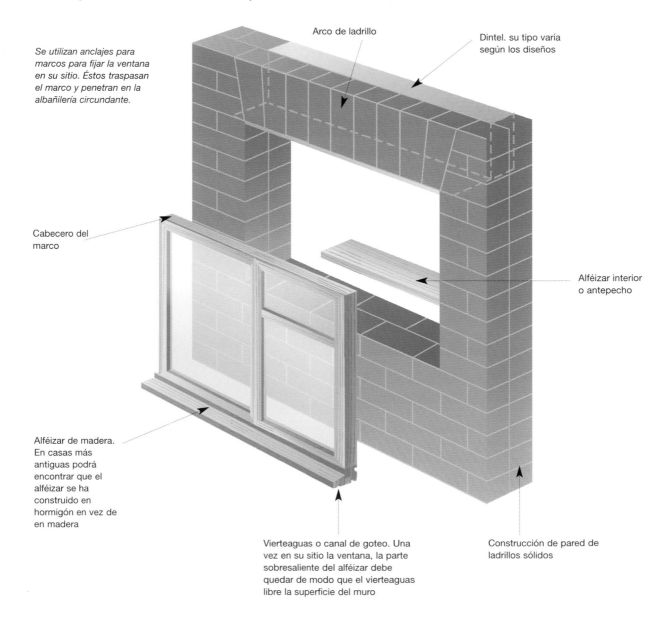

Se utilizan anclajes para marcos para fijar la ventana en su sitio. Éstos traspasan el marco y penetran en la albañilería circundante.

Arco de ladrillo

Dintel. su tipo varía según los diseños

Cabecero del marco

Alféizar interior o antepecho

Alféizar de madera. En casas más antiguas podrá encontrar que el alféizar se ha construido en hormigón en vez de en madera

Vierteaguas o canal de goteo. Una vez en su sitio la ventana, la parte sobresaliente del alféizar debe quedar de modo que el vierteaguas libre la superficie del muro

Construcción de pared de ladrillos sólidos

Paredes con cámara de aire

En el caso de paredes con cámara de aire, la colocación es algo diferente, y deben considerarse diversos factores al observar cómo está anclada la ventana en su sitio. Dependiendo del tipo de ventana, habrá diferencias inevitables, pero esta ilustración ayuda a mostrar los principales principios a tener en cuenta. Tanto si se trata de ventanas de madera, pvc o metal, se utilizan principios similares para su fijación.

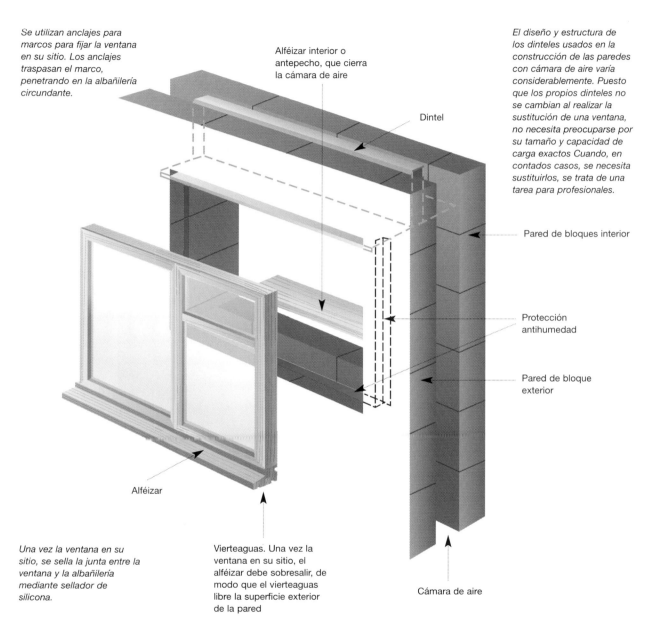

Se utilizan anclajes para marcos para fijar la ventana en su sitio. Los anclajes traspasan el marco, penetrando en la albañilería circundante.

Alféizar interior o antepecho, que cierra la cámara de aire

Dintel

El diseño y estructura de los dinteles usados en la construcción de las paredes con cámara de aire varía considerablemente. Puesto que los propios dinteles no se cambian al realizar la sustitución de una ventana, no necesita preocuparse por su tamaño y capacidad de carga exactos Cuando, en contados casos, se necesita sustituirlos, se trata de una tarea para profesionales.

Pared de bloques interior

Protección antihumedad

Pared de bloque exterior

Alféizar

Una vez la ventana en su sitio, se sella la junta entre la ventana y la albañilería mediante sellador de silicona.

Vierteaguas. Una vez la ventana en su sitio, el alféizar debe sobresalir, de modo que el vierteaguas libre la superficie exterior de la pared

Cámara de aire

Miradores o ventanas salientes

Aunque estos miradores presentan muchas características similares en la forma de instalarlos, es importante darse cuenta de que, en ciertas circunstancias, los miradores juegan un papel de soporte de pesos, y, por tanto, de portar carga, en la estructura de la casa. Antes de simplemente quitar el mirador antiguo y sustituirlo por el nuevo, debe realizar las comprobaciones fundamentales. Por tanto, antes de realizar la sustitución de un mirador debe buscar consejo profesional, para estar seguro de que adopta las medidas necesarias de soporte estructural de la pared.

Piezas de contorno

En casas modernas no es raro encontrar una parte adicional en la estructura de la ventana. Esta pieza se denomina pieza de contorno y se inserta, o, para ser más preciso, se construye dentro de la estructura de la pared para dar lugar al tamaño deseado de hueco para la colocación de la ventana.

cristales y aislamientos

Las opciones de vidrios merecen una cierta atención, dado que todas las ventanas claramente contienen algún tipo de vidrio, junto con puertas parcial o totalmente vidriadas. La invención e innovación modernas permiten ofrecer un amplio abanico de tipos de vidrios, con diferentes propiedades, tanto funcionales, como de acabado. Por tanto, hay que hacer una elección del tipo de vidrio adecuado a sus necesidades relacionadas con la puerta o ventana en cuestión.

Cristales transparentes

En gran medida, el tipo más común de vidrios usados en las casas es el claro, para permitir la entrada en la casa de la mayor cantidad posible de luz y la vista del exterior lo más clara y amplia posible. Sin embargo, el vidrio transparente puede, a su vez, dividirse en varias categorías, difíciles de notar en un momento a simple vista.

Espesor

El espesor del vidrio es difícil de calcular con el cristal en su sitio, y sólo cuando puede observarse el borde de la hoja de vidrio resulta notorio que puede haber una gran variación. En general, se utilizan versiones de menor espesor en las ventanas, y las más gruesas en puertas. Esto suele estar relacionado con razones de seguridad, ya que los cristales más delgados son obviamente de rotura más fácil y, por ello, un golpe contra la puerta de un niño corriendo es menos probable que cause la rotura de los vidrios y que pueda producir heridas. Además de ser de mayor grosor, conviene que los cristales usados en puertas y zonas bajas sean de seguridad o templados, de modo que, en caso de rotura, salte en pedazos granulares relativamente pequeños, que no suelen causar heridas, en comparación con los bordes afilados que resultan de la rotura de cristales normales.

Vidrio laminado

Es en realidad una superposición de dos o más paneles de cristal, con una capa de plástico transparente entre ellos. Esta capa une los dos paneles, formando una estructura sólida. Está disponible en muchos espesores y variedades, tales como transparentes, con dibujo o tintados. Este vidrio es de corte difícil, por lo que debe ser cortado a medida por su suministrador. Aunque se trata de una opción cara, es una excelente elección en lo que se refiere a la seguridad, tanto por posibles intrusiones, como en lo que concierne a heridas en caso de rotura. Por ejemplo, en el caso de puertas con cristales, pueden absorber un impacto muy superior a la de la mayoría de las alternativas. Si se rompe a causa de un fuerte impacto, la capa de plástico sujeta los trozos de vidrio en su sitio, de manera que permanece en una pieza, y los trozos de vidrio no se dispersan.

Unidades de vidrio doble. Cristales dobles

Las unidades de vidrio doble se componen de dos cristales separados por un hueco, relleno por gas inerte, y totalmente sellado frente a la atmósfera que lo rodea. El espesor del cristal suele incrementarse con el tamaño de la unidad. A mayor tamaño del cristal, suele darse un mayor espesor. Las unidades de vidrio doble pueden instalarse en ventanas de marco de pvc o de aluminio, así como en ventanas nuevas de madera. Sin embargo, si se quiere cambiar cristales sencillos por cristales dobles en una ventana existente, se debe verificar que el rebajo del marco de la ventana tiene anchura suficiente para alojar el nuevo cristal. Si es demasiado estrecho, tendrá que instalar unidades con borde en escalón, para acomodar la diferencia. Los cristales dobles mejoran sensiblemente el aislamiento térmico, y pueden reducir la condensación, al tiempo que la contaminación por ruido.

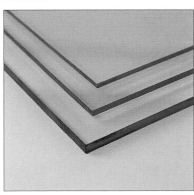

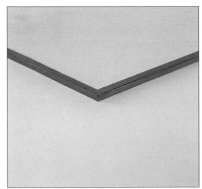

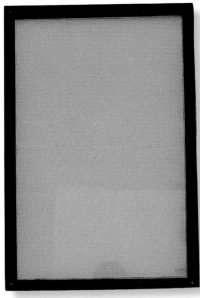

Vidrio transparente con dibujo

El vidrio transparente con dibujo se utiliza a veces con una función de recato o privacidad. Por ejemplo, las ventanas y puertas del cuarto de baño pueden llevar este tipo de vidrio, para proporcionar la privacidad necesaria, permitiendo al mismo tiempo la mayor entrada de luz a la habitación. Hay disponible una amplia selección, por lo que podrá encontrar una opción adecuada a sus necesidades personales.

Vidrios coloreados con dibujo

El vidrio coloreado con dibujo ofrece un diseño de futuro y suele combinarse con vidrios transparentes con dibujo, cuando la cantidad de luz no es prioritaria.

Vidrios emplomados

Los vidrios emplomados proporcionan un aspecto tradicional y se suministran con frecuencia con vidrios de diferentes colores y diseños. Pueden montarse en marcos diseñados especialmente o ser elementos usuales en puertas de entrada parcialmente vidriadas.
Algunas compañías ofrecen un servicio de diseño por usted mismo, que le permitirá escoger el que necesite.

Vidrio grabado

El vidrio grabado puede considerarse una versión exclusiva del vidrio con dibujo y su uso más frecuente se encuentra en las puertas de entrada parcialmente vidriadas. Además de añadir privacidad, permite la entrada de luz, y la disponibilidad de diseños atractivos convierte esta opción en un complemento del aspecto general de puertas y ventanas.

Vidrio armado

El vidrio armado tiene en su interior una retícula de alambre, para aumentar su resistencia, aunque aún puede astillarse en caso de rotura. No es especialmente atractivo, y suele usarse en puertas sólo por sus propiedades retardantes. El alambre de refuerzo liga el vidrio en caso de un incendio, manteniendo con ello una barrera retardante.

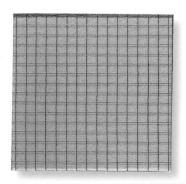

opciones para el cambio

El trabajo en puertas y ventanas puede tener consecuencias estéticas tanto en el interior como en el exterior de su casa. Por tanto, cuando estudie las opciones para el cambio, o los diferentes estilos en general, es importante que tenga esto en mente, de modo que su selección final cumpla con ambos criterios. De modo similar, las puertas y ventanas deben elegirse para complementar otros factores del diseño de una habitación, y, en el caso de sustitución de ventanas, la arquitectura y el diseño exteriores han de tenerse necesariamente en cuenta.

Exteriores tradicionales

En el caso de propiedades antiguas, el respeto de los elementos y diseños históricos es de gran importancia y, si se trata de un edificio catalogado, puede estar sujeto a controles urbanísticos. No obstante, en la mayoría de los casos de esta naturaleza, el respeto del estilo auténtico es el objetivo de la renovación y, por ello, la solución normalmente adoptada en la sustitución de puertas y ventanas es la de que éstas estén a juego con el estilo existente. En cualquier caso, tanto si reemplaza totalmente una puerta o ventana, si hace reparaciones, o, simplemente, redecora, las cuestiones de autenticidad deben considerarse siempre.

DERECHA: *La puerta principal de entrada es en todas las casas un punto de interés, y, por tanto, su pintura o barniz debe estar en buen estado. Asegurar su buen funcionamiento es importante, ya que son de uso diario.*

Vidrios dobles

El uso de vidrios dobles se está convirtiendo en norma, especialmente en edificios modernos. Las ventajas prácticas de esta solución han hecho que sea de uso muy frecuente, lo cual ha dado pie a un gran desarrollo industrial, relacionado con su instalación en nuevos edificios y la sustitución en casas antiguas. Hay fuertes opiniones y preferencias personales a la hora de elegir esta opción, pero hay que entender que los diseños actualizados de vidrios dobles son muy superiores a los de estilos anteriores, que normalmente presentaban una falta de imaginación y de preocupación por el gusto y la arquitectura. Por consiguiente, si encuentra el fabricante adecuado, los cristales de doble vidrio actuales pueden, con mucho, casar mejor con los requisitos personales y de diseño.

IZQUIERDA: *Los diseños con vidrios dobles modernos pueden hacerse a medida de las necesidades personales, proporcionando las ventajas del bajo mantenimiento y el buen aislamiento, sin modificar el carácter básico de edificios antiguos.*

Interiores modernos

En muchas casa modernas el diseño de puertas y ventanas se mantiene a un nivel minimalista, en el sentido de que sólo se consideran como elementos puramente prácticos. Los paneles grandes de vidrio permiten la entrada de mayor cantidad de luz y los diseños modernos de puertas ponen énfasis en la simplicidad y en la lisura. No obstante, este aspecto, puramente práctico, evoca otro estilo que presta mayor atención a otros detalles de la habitación, permitiendo que elementos prácticos, como las puertas y ventanas, actúen como fondo, más que como foco de atención o elementos que se desea que destaquen.

Interiores tradicionales

Los interiores tradicionales o con una decoración sofisticada necesitan una gran atención a la hora de planificar los trabajos de renovación. El diseño de puertas y ventanas suele ser más interesante y complejo que en sus equivalentes modernos, convirtiéndose a menudo en elementos de gran fuerza por derecho propio. Puede centrarse la atención sobre ellos con colores atrevidos, o su propio diseño puede añadir con frecuencia un aspecto decorativo.

ARRIBA DERECHA: *En un interior moderno y ordenado, un diseño sencillo de ventana ofrece con frecuencia la mejor opción práctica y estética.*

DERECHA: *Un par de puertas pesadas y ornamentadas evocan una bienvenida y un ambiente de grandeza en un vestíbulo tradicional.*

ABAJO: *Una pared curva con cristalera proporciona un elemento de diseño poco usual, siendo a la vez una opción excelente para tener mucha luz.*

Interiores poco usuales

Hay claramente una amplia categoría, situada entre los diseños tradicional y moderno de puertas y ventanas, que permite una expresión mayor del gusto personal. De hecho, a menudo, la opción preferida de selección del diseño de puertas y ventanas es la de una solución muy personal, y el método de decoración puede dar un acento muy particular a las elecciones menos usuales de puertas y ventanas.

herramientas y equipo

El número de herramientas y equipos necesarios para completar las tareas de bricolaje puede ser muy amplio y caro. A pesar de ello, muchas de las herramientas básicas tienen un carácter multiuso y constituyen lo que podría denominarse un "juego de herramientas de la casa". Una vez que se dispone de esta base sólida, puede continuar comprando herramientas más específicas, según vaya necesitándolas. Aunque no se precisa gastar una fortuna, es generalmente una buena regla el comprar las mejores herramientas que pueda afrontar.

Herramientas de la casa

El juego de herramientas generales de la casa contiene las herramientas esenciales para la realización de pequeños trabajos en la casa. Aunque este conjunto puede no bastar para todas las situaciones que pueda encontrar, proporciona un buen punto de partida al que pueden añadirse las herramientas específicas que vaya necesitando.

Martillo de uña

Bloque de lijado

Cepillo de alambres.

Destornilladores planos

Destornilladores de estrella

Puntero

Detector de tuberías, viguetas y cables

Manguitos aislantes

Cúter

Alicate de uso general

Lezna

Lápiz de carpintero

Alicate de corte lateral

Alicate de puntas

Lima de media caña

Cinceles de uso general

Taladro destornillador sin cable

Piedra de afilar

Alicate de mordaza

Dispensador de sellador

Escalera plegable

Mordaza

Maza de madera

Cinta métrica

Sierra de metales pequeña

Nivel pequeño

Rascador

Bloque para ingletes

Serrucho

Herramientas eléctricas

Las herramientas eléctricas están diseñadas para hacer más fáciles y rápidas las tareas. Para los más entusiastas, las herramientas de precio intermedio son las idóneas, ya que las herramientas más caras están diseñadas para el uso diario, y resultan inabordables para el aficionado al bricolaje. A pesar de ello, el precio de las herramientas eléctricas se ha reducido bastante, y se pueden comprar productos de calidad, relativamente baratos. Para algunas tareas puede ser útil la compra de herramientas muy baratas para un uso limitado, desechándolas posteriormente

Taladro eléctrico

Lijadora

Sierra de calar

Fresadora

Cubo de plástico

Con objeto de hacer alteraciones en puertas y ventanas, el juego básico de herramientas de la casa debe complementarse, para las tareas más pesadas, con herramientas de construcción y con otras herramientas pensadas específicamente para trabajos en puertas y ventanas. Trate de centrarse en las necesidades específicas a la hora de comprar dichas herramientas, ya que puede caer en la tentación de comprar por la publicidad o herramientas muy baratas de poco uso a largo plazo. Por el contrario, quédese con las herramientas de buena calidad y probadas que le servirán en los proyectos de bricolaje de varios años. Si no está seguro del mejor producto, consulte a su suministrador.

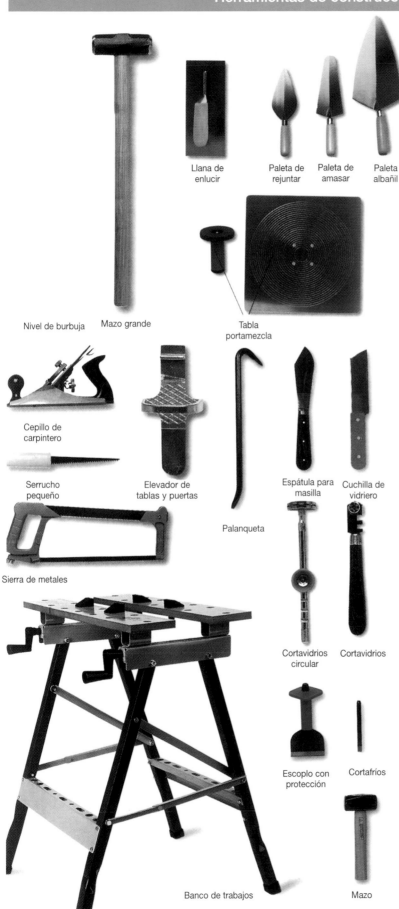

Llana de enlucir

Paleta de rejuntar

Paleta de amasar

Paleta albañil

Nivel de burbuja

Mazo grande

Tabla portamezcla

Cepillo de carpintero

Serrucho pequeño

Elevador de tablas y puertas

Palanqueta

Espátula para masilla

Cuchilla de vidriero

Marcador de extremos

Sierra de metales

Cortavidrios circular

Cortavidrios

Sierra de ingletes

Escuadra

Plomada

Cordel entizado

Banco de trabajos

Escoplo con protección

Cortafríos

Mazo

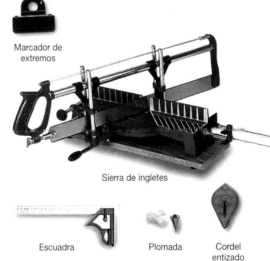

ALQUILER DE HERRAMIENTAS

Para trabajos esporádicos que requieran el uso de herramientas pesadas o muy caras, el alquiler puede ser una buena solución. Esta actividad está convirtiéndose en un sector creciente del mercado del bricolaje, y los establecimientos dedicados al alquiler de material evolucionan continuamente para cubrir las necesidades del aficionado a las mejoras y renovaciones de la casa, al tiempo que surten a los profesionales del oficio.

herramientas y equipos

27

anclajes y materiales

Para renovar puertas y ventanas, se necesita utilizar una gran variedad de materiales para usos generales de fijación e instalación. Las necesidades reales dependerán claramente del tipo de reparación previsto o de si usted está instalando un elemento nuevo en su conjunto. Por tanto, conviene tener un conocimiento de los requisitos de los materiales, de modo que se puedan comprar según se vayan necesitando directamente para el trabajo que se esté haciendo. Recuerde que los suministradores suelen aconsejar bien sobre los materiales específicos que se necesiten.

Fijaciones y anclajes mecánicos

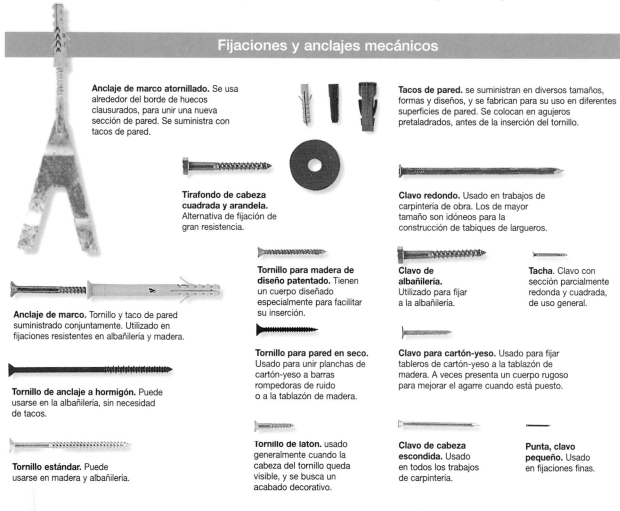

Anclaje de marco atornillado. Se usa alrededor del borde de huecos clausurados, para unir una nueva sección de pared. Se suministra con tacos de pared.

Tirafondo de cabeza cuadrada y arandela. Alternativa de fijación de gran resistencia.

Tacos de pared. se suministran en diversos tamaños, formas y diseños, y se fabrican para su uso en diferentes superficies de pared. Se colocan en agujeros pretaladrados, antes de la inserción del tornillo.

Clavo redondo. Usado en trabajos de carpintería de obra. Los de mayor tamaño son idóneos para la construcción de tabiques de largueros.

Anclaje de marco. Tornillo y taco de pared suministrado conjuntamente. Utilizado en fijaciones resistentes en albañilería y madera.

Tornillo para madera de diseño patentado. Tienen un cuerpo diseñado especialmente para facilitar su inserción.

Clavo de albañilería. Utilizado para fijar a la albañilería.

Tacha. Clavo con sección parcialmente redonda y cuadrada, de uso general.

Tornillo de anclaje a hormigón. Puede usarse en la albañilería, sin necesidad de tacos.

Tornillo para pared en seco. Usado para unir planchas de cartón-yeso a barras rompedoras de ruido o a la tablazón de madera.

Clavo para cartón-yeso. Usado para fijar tableros de cartón-yeso a la tablazón de madera. A veces presenta un cuerpo rugoso para mejorar el agarre cuando está puesto.

Tornillo estándar. Puede usarse en madera y albañilería.

Tornillo de laton. usado generalmente cuando la cabeza del tornillo queda visible, y se busca un acabado decorativo.

Clavo de cabeza escondida. Usado en todos los trabajos de carpintería.

Punta, clavo pequeño. Usado en fijaciones finas.

Materiales de relleno, selladores y cintas

Sellador o material de relleno en tubos. Muchos selladores o rellenos flexibles se suministran en tubos. Se requiere una pistola de sellador para sacar el material del tubo.

Material de relleno multiuso. El relleno multiuso se mezcla con agua para formar una pasta, para rellenar agujeros en la mayor parte de las superficies.

Mastique para juntas. Se suministra ya mezclado. Se utiliza para rellenar las juntas encintadas y las cabezas de clavos, cuando se forra en seco.

Cinta de rejuntar autoadhesiva. Usada para cubrir las juntas entre hojas de cartón-yeso. De fácil aplicación.

Cinta de carrocero. Usada para proteger superficies durante el pintado o barnizado o para sujetar temporalmente pesos pequeños en su lugar.

Cinta aislante. Cinta de PVC multiuso.

Adhesivos

Plastificante. Aditivo para mortero para mejorar su preparación.

Cola de madera. Para pegar superficies de madera.

Pva. Adhesivo de polivinilo. Adhesivo multiuso, utilizado diluido o concentrado.

Materiales de ligazón y acabado

Capa de acción ligante. Se añade agua. Usada como relleno resistente antes de enlucir.

Enlucido bajo capa. Se añade agua y se usa como capa inferior en enlucidos multiacabados.

Cemento. Se añade agua y arena para obtener mortero, usado en construcción y otros usos generales.

Enlucido en una capa. Se añade agua y se usa como enlucido de uso general.

Enlucido multiacabado. Se añade agua y se usa en la última capa, como enlucido de acabado.

Arena de construcción. se añade al cemento y al agua para obtener mortero, usado en la construcción.

Materiales de construcción

Madera blanda serrada. 10 x 5 cm. Material de uso general en construcción.

Madera blanda preparada. 12,5 x 2,5 cm. Tamaño habitual de tablas para suelo y otros usos generales de construcción.

Madera blanda preparada. 5 x 2,5 cm. Usado en bastidores para forrado o colocación de cartón yeso.

Molduras de paneles. Elemento decorativo añadido a puertas lisas para crear un efecto de panelado.

Tapa o tapeta. Recorte decorativo colocado alrededor del marco de la puerta. Disponible en muchos tamaños y diseños.

Rodapié o zócalo. Elemento decorativo y de protección situado en la juntura de la pared y el suelo. Disponible en muchos tamaños y diseños.

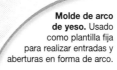

Molde de arco de yeso. Usado como plantilla fija para realizar entradas y aberturas en forma de arco.

Cordón de ángulo. Pieza de metal usada para formar esquinas exteriores precisas, al hacer el enlucido.

Tablero de aglomerado de media densidad (mdf). Tablero de uso general en construcción. Se suministra en diversos espesores y variedades.

Cartón-yeso. Se fabrica en varios espesores y variedades. Se usa como base para el enlucido o el forrado en seco.

cómo empezar

El orden del trabajo para comenzar la renovación en puertas y ventanas depende en gran medida de si se trata de realizar reparaciones, se considera su sustitución completa o si forma parte de un proyecto de renovación más amplio. Hace falta, por tanto, encarar todas estas posibilidades dentro de un esquema que pueda servir a la mayoría de las opciones y situaciones de renovación y reparación. Una planificación minuciosa en esta etapa ahorrará tiempo más tarde.

Permisos urbanísticos

Antes de que pueda empezar un proyecto de construcción, debe considerase si el trabajo específico previsto necesita una licencia urbanística. La mayoría de los trabajos en el interior de una casa no requieren licencia de urbanismo, y, con ello, no será un obstáculo en la mayor parte de los trabajos que probablemente pueda emprender por usted mismo. Sin embargo, hay algunas circunstancias que debe conocer antes de empezar una renovación.

Restricciones

La mayoría de las restricciones se dan en casas clasificadas como edificios catalogados o situados en zonas de conservación, parques nacionales o áreas de belleza natural destacada. Si su propiedad encaja en una de estas categorías, póngase en contacto con el departamento de urbanismo municipal, antes de comenzar una obra. Sin embargo, incluso en este caso, una autorización formal rara vez se necesita para modificaciones en interiores, mejoras menores, reparaciones y mantenimiento general. Los proyectos que seguramente necesitarán una licencia urbanística son generalmente aquéllos en que se hace un "cambio de uso" de una zona de la casa, normalmente cuando se persiguen fines de negocios, como por ejemplo, si desea dividir una zona de la casa para su uso comercial, o crear un estudio o apartamento separado. Hablando de forma general, además de las restricciones aquí mencionadas, siempre que no se altere la apariencia externa de la casa, los trabajos en interiores podrán realizarse sin demasiados obstáculos urbanísticos. No obstante, si tiene dudas sobre qué está permitido, conviene contactar con su ayuntamiento.

El trabajo en exteriores puede estar a veces sujeto a restricciones de edificación estrictas. No se embarque en un trabajo que pueda requerir autorización.

Reglamentación de la edificación

Si bien es poco probable que una renovación en el interior requiera realmente permiso urbanístico, todos los trabajos de construcción tienen que hacerse de acuerdo con la reglamentación de edificación. Cuando planee hacer algún trabajo de construcción, contacte con la oficina de control de la edificación de su ayuntamiento, que puede proporcionarle directrices sobre el posible trabajo.

Realización de un plano a escala

Siempre resulta sensato el hacer un plano a escala del trabajo propuesto de construcción, con objeto de tener una idea firme de las cantidades necesarias de materiales. No tiene por qué estar hecho según las normas arquitectónicas, pero debe proporcionar un detalle suficiente para que usted se haga una buena idea del efecto que tendrá el proyecto, y de cómo cambiará el aspecto actual de su casa. El papel milimetrado siempre facilita la realización de los dibujos técnicos, y permite una medición más precisa. A menudo puede convenir el añadir el mobiliario al diagrama, de modo que pueda percibir el efecto de la modificación en la disposición general de la habitación. Esto puede ser de especial importancia en el caso de una división de una habitación existente en dos zonas separadas, al reducirse obviamente el espacio disponible.

Escalas de tiempo

Considere siempre la escala de tiempos necesaria para completar el proyecto, ya que puede tener influencia en el momento oportuno para comenzar los trabajos. Por ejemplo, mientras algunos proyectos pueden ejecutarse en un fin de semana, otros necesitan una mayor duración, provocando trastornos en la casa durante varios días. La mayor parte de los proyectos mostrados en este libro están diseñados para ser realizados en un fin de semana, aunque tendrá que volver sobre la tarea, para completar el acabado final y la

Las tareas de bricolaje suelen causar algún trastorno en el hogar. Tenga esto en cuenta, y trate de comenzar los trabajos en un momento que convenga a todos los que se vean involucrados.

La realización de un plano a escala puede ayudarle a visualizar el efecto de cualquier trabajo en su entorno. Mostrar en el dibujo el mobiliario también ayudará.

decoración, lo que significa una duración total algo superior. Cuando comience a combinar varios proyectos, o a trabajar en zonas mayores, la finalización de los trabajos puede resultar más complicada. Esto es particularmente cierto en aquellos proyectos que se realizan en fines de semana o por las tardes, por lo que es aconsejable bien dividir los proyectos en partes más pequeñas, que puedan ser completados como parte de una renovación más amplia, bien tomarse tiempo del trabajo cotidiano con objeto de avanzar en una tarea específica y reducir al mínimo los trastornos. De otro modo, la presión para terminar el trabajo puede llevar a la realización de un trabajo inadecuado, con un acabado pobre. No subestime el tiempo necesario para un proyecto, y considérelo una parte importante del proceso de planificación, con objeto de decidir la fecha y horario en que hay que hacer el trabajo, y en qué escala de tiempo se prevé su finalización.

Preparación del presupuesto

El mayor gasto en un proyecto de construcción suele ser el de mano de obra, y, así, si se reduce el coste de ésta, se reduce el coste total. Si se necesitan profesionales de oficios, debe darles una prioridad a la hora de preparar su estrategia de presupuesto Aparte de esto, los costes de los materiales pueden estimarse de una forma relativamente sencilla, siempre que se hagan mediciones precisas. Recuerde que comprar algunos materiales en cantidad, puede conllevar descuentos significativos, y conviene recorrer varios comercios para lograr el precio más ventajoso. Esto es especialmente importante con artículos de uso muy generalizado, como la madera de uso general o el yeso-cemento, ya que su mercado es muy competitivo y los precios pueden variar de una semana a otra. Si su planificación es detallada, tiene mayores posibilidades de ceñirse al presupuesto. No obstante, conviene siempre construir con un margen sobre sus cifras, de modo que si el trabajo se alarga, o se necesitan más materiales, pueda completar el proyecto sin retrasos.

trato con profesionales

Antes de cualquier trabajo de construcción, debe establecer qué trabajo es capaz de hacer por usted mismo y qué alcance del trabajo va a encargar a un profesional. Es poco probable que las renovaciones o reparaciones pequeñas necesiten mucha ayuda, pero para abordar renovaciones de importancia, tendrá que solicitar seguramente los servicios de fontaneros, electricistas o constructores generales. En tal caso, conviene que identifique los tipos de asistencia requeridos y que sepa cómo obtener el mejor servicio de los profesionales de oficio.

Arquitectos y aparejadores

En algunas circunstancias resulta necesaria la contratación de arquitectos o aparejadores. Aunque no se consideran "profesionales de oficios", proporcionan servicios que hacen posible que los trabajos prácticos de renovaciones importantes pueda ser planeado y realizado en la forma adecuada. Los arquitectos sólo se necesitan en proyectos ambiciosos, en los que hay que considerar características importantes de diseño y elaborar planos. También puede convenirle contratar un arquitecto o aparejador en grandes proyectos, en un papel de gestión de proyectos, con objeto de que supervisen el trabajo en general. Tenga en cuenta que estos servicios cuestan dinero, y los honorarios para vigilar los trabajos pueden añadir un 10 % adicional al coste original de establecimiento de los planos. Por ello, sólo acuda al arquitecto o aparejador si siente que es absolutamente necesario y dispone de los fondos necesarios.

El consejo profesional es siempre una buena idea en proyectos importantes, especialmente en proyectos que requieran licencia urbanística. Considere esos costes cuando planifique el trabajo.

Selección de buenos profesionales de oficios

El primer obstáculo importante cuando tiene que contratar profesionales para su casa es encontrar los que estén capacitados y sean fiables. Si está buscándolos a través de anuncios, la selección entre tres o cuatro opciones, añadirá pocas probabilidades de encontrar un buen profesional frente a la selección de uno único al azar. Tampoco la pertenencia a asociaciones del oficio es, en muchos casos, una garantía de calidad. Si a usted le influyen esas cuestiones, compruebe sus credenciales, tanto con la propia asociación, como con agencias independientes. Sin duda, el mejor método para garantizar la calidad del trabajo de un profesional de oficio antes de contratarlo, es conseguir información de primera mano. Esto puede conseguirse por la recomendación de algún amigo o vecino, o, simplemente, solicitando ver algún trabajo de construcción que esté ejecutando en su zona, contactando con el propietario o el constructor.

Estimaciones y precios

Antes de que un profesional empiece a trabajar en su casa, es muy importante que sepa cuánto va acostarle el trabajo. En esto puede usted encontrarse en el campo de minas de las estimaciones, cotizaciones y precios. El principal factor a tener en mente en esta etapa es que, si usted ha recibido una estimación, se trata exactamente de eso, de una estimación. El precio realmente pagado al final podría verse inflado considerablemente. Si es posible, conviene contratar al profesional a un precio, de modo que, si no cambian las especificaciones del trabajo, este será el precio realmente pagado al final. En algunas circunstancias puede necesitarse una estimación, ya que puede no tener una decisión final sobre las especificaciones y necesite observar el avance del proyecto. No obstante, cuanto más pueda aproximarse a un precio total, antes del comienzo de los trabajos, en mejor posición se encontrará en el establecimiento del presupuesto y en el seguimiento de los pagos. En lo que a los pagos se refiere, nunca cometa el error de pagar cantidades adelantadas, excepto en el caso de circunstancias especiales. Por ejemplo, si el profesional suministra materiales caros, es usual el pago inicial correspondiente a esos materiales. En caso contrario, no hay razón para pagar antes

Mantenga abiertas las líneas de comunicación. Aunque el coste del proyecto pueda incrementarse con el avance del trabajo, puede negociarse por etapas, ayudándole a vigilar el coste total.

de la realización del trabajo y de que usted quede satisfecho del producto terminado. En proyectos largos, es habitual el establecimiento de pagos por etapas, de acuerdo con el avance, pero deje siempre el pago mayor para la finalización del trabajo. Finalmente, desconfíe de los constructores y profesionales que sólo acepten pagos sin factura. Aunque haya ahorros potenciales en este modo, esto significa que usted no tendrá retorno, en caso de trabajos defectuosos o problemas en fechas posteriores, sin mencionar la posible ilegalidad frente a las autoridades fiscales.

Extras

Al realizar el pago final, el término "extras" o "trabajos extraordinarios" puede tener un efecto y una cifra impactantes, con relación a lo que usted esperaba pagar. En muchos casos puede corresponder a artículos autorizados por usted a lo largo de los trabajos, pero, en estos casos, siempre es mejor obtener un precio para los trabajos extraordinarios, antes de su realización, de modo que estas sorpresas no se produzcan en el momento del pago final. Alternativamente, establezca una cláusula en la estimación inicial relativa a que todo trabajo adicional sólo podrá realizarse con su consentimiento y remunerado a una tarifa horaria fijada. Así será mucho más fácil tener un seguimiento

de los gastos, y el dinero a pagar no se incrementará simplemente, sin su conocimiento.

Evitar disputas

Las disputas pueden ser evitadas si usted sigue las reglas de contratación. Más de la mitad de las disputas se ahorrarían mediante la selección del profesional adecuado. Tendrá ventajas adicionales si el precio recibido está por escrito y con el trabajo a realizar, detallado. Éste será un documento de referencia importante para todas las partes.

Aparte de esto, los principales problemas que suelen aparecer son los de la ejecución del trabajo no conforme a los estándares exigibles, o el trabajo es realmente diferente del acordado inicialmente. La mayoría de estos problemas pueden resolverse mediante el diálogo y el compromiso, y suele ser mejor evitar tener que utilizar los cauces legales, si no es absolutamente necesario. Si está muy insatisfecho del trabajo realizado, su única opción es la de retener el pago y trasladar el asunto a su abogado.

Si sigue estas pautas, estará bien equipado para considerar la contratación de diversos profesionales de oficio para su casa. Simplemente, tenga en cuenta que, en cualquier ocupación, hay buenos y malos profesionales, y que el sector de la construcción recibe más críticas de las necesarias. Sin embargo, si dispone de un profesional de confianza, páguele en plazo, recomiéndelo a sus amigos, y considere sus intereses, con lo que cuidará también los propios.

Los profesionales de oficio harán un buen trabajo, por el precio justo. Sin embargo, antes de acordar los términos y condiciones del contrato, establezca los plazos y gastos del proyecto.

realización de cambios estructurales

Cuando se realizan trabajos que requieren cambios estructurales en su casa, tendrá que prestar siempre una consideración cuidadosa al cumplimiento de las reglamentaciones de construcción, así como una adecuada atención a si los cambios previstos afectan o no a muros de carga. Este capítulo explica estos aspectos, que pueden resultar preocupantes, y se centra en la mejor manera de abordar dichos cambios estructurales. La mayor parte de los ejemplos aquí expuestos se refieren a cambios en paredes interiores y, por ello, son de mayor relevancia en la renovación de puertas que en la de ventanas. Aunque la inserción de una nueva ventana es a veces trabajo de no profesionales, conviene trazar aquí una línea respecto a las capacidades de los entusiastas de las mejoras en la casa. Es mejor dejar este tipo de trabajos a los profesionales. (La sustitución, más simple, del conjunto de una ventana ya existente se aborda en el capítulo 5.)

Los perfiles de arco proporcionan un tipo de división entre habitaciones de mayor relajo que las monturas tradicionales de puertas.

seguridad en el trabajo

Cualquier trabajo de reparación o renovación debe realizarse siguiendo los necesarios procedimientos de seguridad. Esto conlleva la compra de cierta cantidad de equipos de seguridad, así como un conocimiento de las mejores técnicas para acceder a sitios altos y la forma correcta de utilización de los equipos para efectuar dicho acceso. En la elección del equipo de seguridad, recuerde la importancia de comprar tan sólo aquellos que muestren las marcas de cumplimiento con las normas de seguridad.

Equipo de primeros auxilios

Con mucho, el mayor número de heridas producido en trabajos de mejoras domésticas corresponde a pequeños arañazos y abrasiones, y, por ello, es esencial disponer en casa de un conjunto de primeros auxilios.

Tijeras

Pinzas

Tiritas

Crema antiséptica

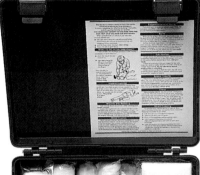

Consejo de seguridad

Durante la realización de trabajos de bricolaje, conviene recordar que el entusiasmo exagerado de los niños o la curiosidad de los animales pueden provocar accidentes. Por consiguiente, mantenga estos "elementos" fuera de la zona de trabajo.

Guantes de plástico

Botiquín de primeros auxilios

Equipo de seguridad

Hay disponible una variedad de equipos de seguridad para las diferentes tareas de bricolaje. Algunos equipos están destinados a tareas específicas, pero muchas piezas, tales como las botas de seguridad, los protectores oculares o los guantes de protección, deben ser utilizadas casi siempre.

Guantes de protección

Mascarilla para el polvo

Rodilleras

Kit de prueba de plomo

Mascarilla de respiración

Casco

Protectores auditivos

Botas de seguridad

Protectores oculares o gafas de seguridad

Accesos

Disponer de un acceso fácil a todas las zonas de una habitación es una parte importante del código de seguridad en el trabajo. No se arriesgue nunca a herirse, estirándose excesivamente o extralimitándose. En vez de ello, utilice escaleras o plataformas de acceso, de modo que pueda alcanzar con facilidad cualquier parte de la habitación. Esto debe tenerse especialmente en cuenta en trabajos en el exterior, en donde las torres de andamios o las plataformas mecánicas pueden resultar una buena opción. Esta clase de equipos puede alquilarse y ayuda a tener un entorno de trabajo seguro, además de ahorrar tiempo cuando se necesita hacer un trabajo en altura, de cierta extensión.

Escaleras

Las escaleras han constituido siempre la opción más versátil y utilizada comúnmente de los equipos para accesos. Sin embargo, a pesar de su construcción sencilla y facilidad de uso, hay varias reglas, simples, pero importantes, que deben seguirse en su utilización.

• Asegúrese de que la distancia entre la base de la escalera y la pared es un cuarto de la distancia entre la base

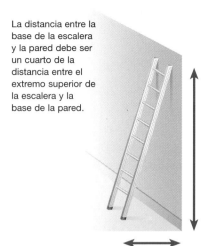

La distancia entre la base de la escalera y la pared debe ser un cuarto de la distancia entre el extremo superior de la escalera y la base de la pared.

La colocación cuidadosa de la escalera es vital para la seguridad de su usuario.

de la pared y el extremo superior de la escalera.

• Asegúrese de que la base de la escalera apoya sobre una superficie nivelada y no deslizante.

• Asegúrese de que el extremo superior de la escalera apoye totalmente en la pared.

• Asegúrese de que todos los peldaños están sujetos firmemente y no están dañados en modo alguno.

La alternativa a la escalera tradicional es la compra de una escalera multiusos, utilizable en muchas aplicaciones.

Torre de andamio

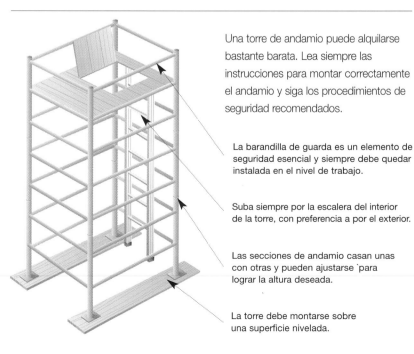

Una torre de andamio puede alquilarse bastante barata. Lea siempre las instrucciones para montar correctamente el andamio y siga los procedimientos de seguridad recomendados.

La barandilla de guarda es un elemento de seguridad esencial y siempre debe quedar instalada en el nivel de trabajo.

Suba siempre por la escalera del interior de la torre, con preferencia a por el exterior.

Las secciones de andamio casan unas con otras y pueden ajustarse `para lograr la altura deseada.

La torre debe montarse sobre una superficie nivelada.

CUIDADO GENERAL DE LAS HERRAMIENTAS

Los accidentes son causados con frecuencia por herramientas a las que se ha hecho un mantenimiento pobre o tan viejas que su uso ya no es seguro. Por tanto, un mantenimiento cuidadoso de las herramientas no sólo le permitirá sacar el mejor partido de ellas, sino que además le permitirá cerciorarse de que pueden usarse en forma segura. A continuación se indican algunos puntos a considerar en el mantenimiento y la seguridad.

• Los formones, cepillos y equipos de corte deben mantenerse siempre tan afilados como se pueda. Se provocan más accidentes por el deslizamiento de una herramienta mal afilada sobre la superficie que por herramientas afiladas. Una piedra de afilar es idónea para mantener un formón afilado como una navaja de afeitar.

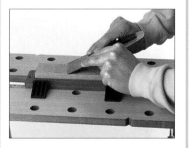

• Los cables de las herramientas eléctricas pueden romperse o fisurarse. Deben ser inspeccionados con regularidad para verificar que están en buen estado. Las herramientas eléctricas en general pueden también necesitar una revisión periódica. Además, la eficacia de estas herramientas puede verse disminuida por los accesorios utilizados con ellas. Por ello, las brocas y hojas utilizadas con ellas deben renovarse cuando se necesite, ya que las viejas pueden forzar el funcionamiento de la herramienta eléctrica utilizada.

• Los martillos pueden resbalar a menudo sobre la cabeza del clavo que se intenta clavar. Para evitar tal hecho, lije la superficie de golpeo del martillo, con objeto de limpiarlo y de tener un buen agarre. Pueden sorprender las diferencias conseguidas con este simple método. Esta técnica puede aplicarse a cualquier clase de martillo, y es útil en cualquier procedimiento en que se use un martillo.

inserción de un hueco para puerta – 1 ⁄⁄⁄⁄

La inserción de un hueco de puerta en una pared que porte carga no es una tarea a tomarse a la ligera, dada la naturaleza estructural del trabajo. Por ello, es importante seguir los procedimientos y técnicas adecuados al abordar un proyecto como ése. Siempre conviene buscar algún asesoramiento profesional antes del inicio del trabajo, ya que el procedimiento puede variar algo según la naturaleza de la pared y de su posición exacta en la estructura de la casa, considerada en su conjunto.

El trabajo a realizar está muy relacionado con las medidas de soporte. Esto significa, por un lado, proporcionar el soporte temporal necesario, mientras se quita la parte de la pared que ocupará el paso de la puerta, y, por otro lado, proporcionar un soporte permanente por encima del hueco de la puerta, en el futuro. Este último punto se traduce en la necesidad de la existencia de un dintel de algún tipo, como soporte permanente. Su tamaño y estructura dependerá de dos aspectos: la estructura del muro que va a quitarse y la luz o anchura del hueco previsto. Ambos requieren cálculos serios, y la cuestión del tipo y construcción del dintel debe decidirse tras consultar a un ingeniero o arquitecto. Una vez dispuestos las precauciones y procedimientos de seguridad necesarios, y se han obtenido, en su caso, los permisos necesarios de la oficina municipal correspondiente, el trabajo propiamente dicho es abordable. Dicho trabajo puede dividirse en dos etapas: la primera corresponde a la apertura del hueco, y la segunda, a la colocación del dintel.

Realización de la apertura del hueco

Para este procedimiento se necesita una aproximación metodológica, y se requiere seguir las guías en el orden correcto. El trabajo producirá mucho polvo y basura, por lo que conviene utilizar sábanas o láminas para el polvo y preparar la recogida y eliminación de escombros.

1. Marque las dimensiones del hueco en la superficie de la pared.

2. Haga agujeros a través de la pared, por encima del hueco previsto.

3. Inserte vigas de apuntalamiento en los agujeros indicados.

4. Soporte las vigas de apuntalamiento mediante puntales o soportes

5. Utilice un cortador de piedra o un mazo grande y un cincel para cortar a lo largo del borde del hueco de la puerta.

6. Retire los bloques o ladrillos, aflojándolos primero con ayuda de un mazo y un cincel, para quitarlos después haciendo palanca con una palanqueta, o retírelos a mano.

7. Continúe quitando bloques hasta despejar toda la zona.

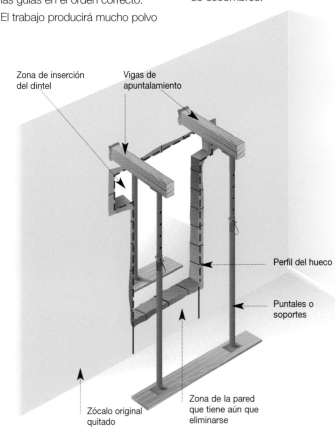

Zona de inserción del dintel

Vigas de apuntalamiento

Perfil del hueco

Puntales o soportes

Zócalo original quitado

Zona de la pared que tiene aún que eliminarse

Inserción del nuevo dintel

Se necesitan dos personas para ejecutar el trabajo de colocación del nuevo dintel, ya que éste resultará sorprendentemente pesado. Es más fácil realizar este procedimiento desde algún tipo de plataforma de acceso, mejor que utilizando escaleras.

1. En las esquinas superiores del hueco, retire los bloques o ladrillos para alojar los extremos del dintel.

2. Verifique minuciosamente las medidas para estar seguro de que el dintel se ajusta al espacio disponible.

3. Aplique un lecho de mortero antes de izar el dintel y colocarlo.

4. Verifique la nivelación del dintel. Use bloques o ladrillos cortados, acuñados debajo de los extremos del dintel para corregir la nivelación, si lo necesita.

5. Ponga más mortero alrededor de los extremos del dintel para asegurar que queda firmemente sujeto en su sitio.

6. Repare con cartón-yeso y/o yeso y revoco alrededor del dintel.

7. Repare con cartón-yeso, y/o revoco y yeso alrededor de los bloques o ladrillos cortados que constituyen los laterales de la abertura.

8. Retire las vigas de apuntalamiento y tapone los agujeros.

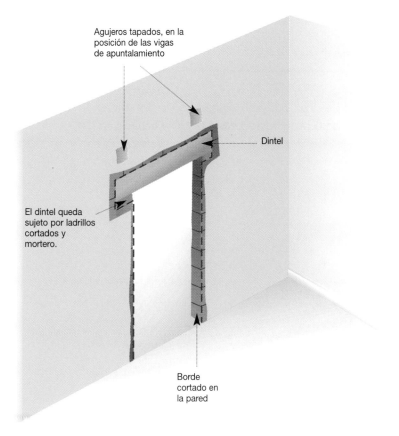

Agujeros tapados, en la posición de las vigas de apuntalamiento

Dintel

El dintel queda sujeto por ladrillos cortados y mortero.

Borde cortado en la pared

39

Factores a tener en cuenta

Además de las consideraciones prácticas sobre cómo soportar la pared, hay otras varias cuestiones que debe tener en cuenta cuidadosamente.

Necesidades de vigas de apuntalamiento

El número de vigas de apuntalamiento necesarias vendrá dado por la anchura de la abertura. Las dimensiones de las vigas no deben ser menores de 15 x 10 cm, pero consulte a un ingeniero estructural sobre los requisitos exactos.

Apuntalamiento

Los puntales de acero pueden alquilarse a bajo coste, y su altura regulable los hace idóneos para las funciones de soporte. Asegúrese de apoyar las bases de los puntales sobre planchas de andamiaje, para uniformizar el reparto de cargas. La mayoría de las bases de puntales disponen de agujeros para clavos, de modo que pueden clavarse a la plancha de andamio, eliminando riesgos de que se muevan.

Soportado del dintel

En muchos casos, puede alojarse el nuevo dintel en la pared existente sin necesidad de soporte adicional por debajo de él. En algunos casos puede necesitarse instalar soportes adicionales de hormigón. Consulte a un ingeniero estructural sobre las necesidades en sus circunstancias particulares.

Equipo de seguridad

Estos trabajos requieren mucha atención a la seguridad y deben adoptarse todas las precauciones necesarias. Use guantes de protección, gafas de seguridad y casco, mientras derriba la pared. También puede necesitar mascarilla para el polvo, especialmente al limpiar los escombros y el polvo causados por la eliminación de la pared.

inserción de un hueco para puerta – 2 ⁄⁄⁄

La inserción de un hueco para puerta en una pared que no es de carga es mucho más sencilla que la que se utiliza en un muro de carga. En cualquier caso, antes del inicio del trabajo debe asegurarse de que la pared no es realmente un muro de carga, y conviene siempre un asesoramiento profesional para verificarlo. En muros sólidos, de bloques, que no transmiten carga se suele requerir también el uso de un dintel, por lo que la técnica empleada será similar a la indicada en las páginas 38-39. El ejemplo aquí mostrado se refiere a la apertura de un hueco de puerta en una pared no portante de puntales.

Consejo de seguridad

Como siempre, compruebe que no hay servicios instalados dentro del tabique de montantes, ya que en ese caso habrá que cambiar su trazado antes de poder comenzar el trabajo.

Herramientas para el trabajo

Detector de viguetas

Lezna

Lápiz

Nivel de burbuja

Serrucho

Cinta métrica

Palanqueta

Taladro/destornillador sin cable

1 Utilice un detector de viguetas para localizar la posición de los montantes del tabique. Es importante que localice un montante cerca del (o en el lugar preciso de) lateral de las bisagras en las que se colocará la puerta. Una vez localizado dicho montante, todas las medidas se tomarán a partir de ese punto, sirviendo de guía para todo el proceso.

2 Localice el borde exacto sobre el montante principal, introduciendo una lezna a través de la hoja de cartón-yeso, en los puntos de detección localizados con ayuda del detector de viguetas.

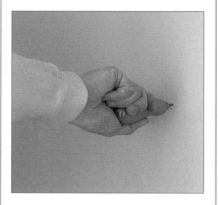

3 Una la línea de agujeros con un lápiz. Un tabique de montantes de madera bien construido proporcionará una línea completamente vertical. Si no resultara así, tendría que mover ligeramente el montante del tabique, una vez descubierto.

4 Pase las medidas del resto de las dimensiones de la puerta sobre la superficie del tabique. En el caso de puertas, y de huecos de puerta, estándar, debe dejar espacio para

la puerta y el espesor de su cerco, dejando, además, 6 mm para el huelgo entre la puerta y el marco. Quite el tablero de cartón-yeso, serrando con precisión a lo largo de las líneas de guía con un serrucho.

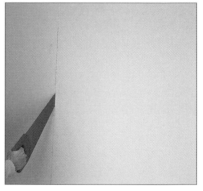

5 También habrá que cortar la otra cara de la pared. Desde la parte interior del tabique, perfore el tablero de cartón-yeso de la otra cara de la pared mediante una lezna, en las esquinas y posiciones correspondientes a la abertura inicial. Pueden unirse estos agujeros con un lápiz por el otro lado de la pared, y volver a cortar esa zona con un serrucho. Recuerde que debe mantener la hoja del serrucho apoyada contra el montante del tabique.

6 Quite los montantes verticales o travesaños que pueda haber en el hueco de la entrada con un serrucho, recortando o cepillando exactamente hasta el borde del panel de cartón-yeso.

7 Corte y extraiga la pieza de suelo con el serrucho. Si ésta está fijada en la zona de la entrada, puede tener que usar una palanqueta para arrancarla. También es recomendable añadir a la plancha del suelo nuevas fijaciones, en las esquinas del hueco de entrada. De este modo, la pieza de la solera cortada, quedará de nuevo firmemente unida en su sitio.

8 Aunque el montante del lado de las bisagras del hueco esté alineado con precisión con el borde del tablero de cartón-yeso, es poco probable que sus medidas permitan que el montante del lado opuesto del hueco de la puerta esté igualmente alineado con precisión. Por ello puede ser necesario insertar un montante vertical a lo largo de dicho borde.

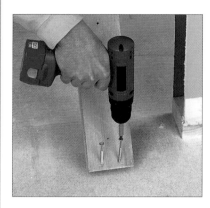

9 Conviene ensartar con cierta inclinación los tornillos de fijación en el montante, antes de la colocación de éste en su sitio, con lo que resultará más fácil el apretar los tornillos, una vez colocado el montante en su lugar. Dependiendo de la estructura de la pared, puede ser necesaria la fijación del montante en la parte superior del hueco. Frecuentemente se verá ayudado por la existencia de algún travesaño en la pared. En caso contrario, puede tener que añadir algún travesaño con objeto de realizar un anclaje seguro.

10 Rellene la parte superior del cerco, cortando un tablón al tamaño requerido. De nuevo, inserte, previamente a su colocación y en ángulo, tornillos en estos tablones, antes de apretarlos y colocarlos en su posición final, después de la colocación del tablón en su lugar.

11 En aquellos sitios en que los montantes verticales lleguen hasta la parte superior del cerco, conviene añadir más fijaciones para asegurar una buena rigidez. Instale un nuevo tramo en el otro lado del tablón vertical para terminar el cerco del hueco de la puerta.

CUESTIONES SOBRE TABIQUES DE MONTANTES

• *Dimensiones:* Los tablones de este tipo de tabiques suelen tener unas secciones de 10 x 5 o de 7,5 x 5 cm. Por ello, antes de comprar o reutilizar madera para hacer una entrada, asegúrese de conocer las dimensiones requeridas de los montantes.

• *Uso:* Los huecos de paso pueden dejarse abiertos, con una puerta instalada, o añadirles otros elementos, por ejemplo, arcos. Cuando se hagan las medidas para el hueco, es esencial calcular las necesidades específicas de dimensiones, especialmente en el caso de puertas, dada la gran variedad de tamaños.

colocación de un marco de puerta

El marco de la puerta aloja las bisagras y los mecanismos de cierre, y proporciona el perímetro general de la puerta, cuando se coloca en la superficie de la pared. Los marcos suelen suministrarse en una forma de *kit* sencillo, y ajustados a los requisitos exactos de la abertura. Aunque se trata de un procedimiento muy directo, se necesita mucha precisión, ya que cualquier desviación respecto a una total verticalidad o una mala colocación a escuadra causarán problemas importantes a la hora de colgar la puerta en sus goznes.

Herramientas para el trabajo

Mazo de madera

Martillo

Cinta métrica

Lápiz

Serrucho

Nivel

Taladro/destornillador sin cable

Marco de las puertas

Las partes que componen el marco reciben diversas denominaciones. Para nuestros propósitos nos referiremos a la parte superior como cabecero, y las laterales como jambas.

1 Monte en el suelo las tres partes del marco. Ponga los extremos de las jambas en las ranuras a tal propósito del cabecero. Normalmente ajustan sin holguras, mas, para asegurar que la unión queda bien prieta, conviene darle uno o dos golpes con el mazo de madera.

2 Asegure las jambas mediante clavos introducidos en ellas desde la parte superior del cabecero.

También puede usar tornillos, en sustitución de los clavos. Cada jamba debe quedar unida por al menos dos fijaciones.

3 Mida la distancia exacta entre jambas, en el cabecero del marco. Pase esta medida a la base del marco, y clave un tramo de listón de madera a las jambas, fijándolas en esa posición, manteniendo la anchura deseada. Compruebe que el listón no sobresale de la parte posterior del marco, ya que esto impediría el correcto montaje del marco en la abertura de la pared.

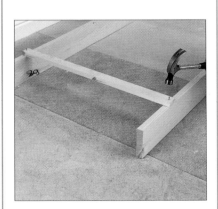

4 Para asegurar que el marco está totalmente a escuadra, hay que realizar mediciones adicionales, y

agregar fijaciones en la parte superior del marco. Desde la esquina exterior del marco, mida 30 cm a lo largo del cabecero y 40 cm a lo largo de la jamba, y haga sendas marcas. Ajuste la distancia entre las mencionadas marcas hechas a 30 y 40 cm. Si la distancia es de 50 cm, el marco estará totalmente escuadrado.

5 Corte un tramo de listón para colocar en el ángulo del cabecero y la jamba. Clávelo al marco, asegurándose que se mantiene la distancia indicada de 50 cm. El marco queda firmemente atirantado en el cabecero y en la base.

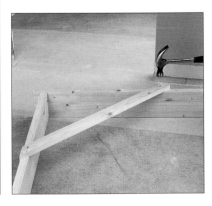

6 Use un serrucho para eliminar los sobrantes del cabecero. Corte justo tras el borde exterior del marco, ya que cualquier sobrante le dificultará la colocación en el hueco de la pared.

7 Levante el marco y colóquelo en la abertura de la pared. Concéntrese en el lado de los goznes. Use un nivel para comprobar que la jamba queda totalmente vertical, y que el borde frontal de la jamba está totalmente a ras con la superficie de la pared, en ambos lados de la puerta.

8 Fije el marco en su sitio, por el lado de las bisagras, mediante tornillos insertados a través de la jamba en la madera del montante de la pared.

9 Dependiendo de la precisión de sus mediciones, es posible que quede una holgura entre la jamba opuesta a la de las bisagras y la tabla del tabique. Antes de tratar de corregir la situación, conviene facilitar la fijación posterior, insertando tornillos en la jamba, pero sin permitir que la atraviesen y penetran en la tabla de la pared.

10 Corte a partir de retales algunas cuñas de madera e introdúzcalas en el huelgo existente entre la jamba y la pared. Coloque cuñas en los puntos de fijación con tornillos. La mejor técnica consiste en introducir dos cuñas en cada punto, una desde cada lado de la pared. De este modo, cuando tocan las cuñas, pueden empujarse gradualmente, una sobre la otra, formando un fuerte soporte entre la jamba y la pared.

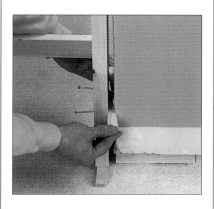

11 Una vez colocadas todas las cuñas, puede fijar sólidamente la jamba, continuando la inserción de los tornillos, que atravesarán las cuñas y penetrarán en la madera del montante de la pared.

Según vaya fijando el marco, verifique la posición del marco con ayuda de un nivel.

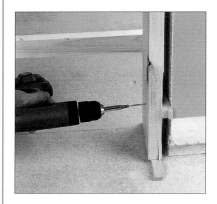

12 Corte con un serrucho los sobrantes de las cuñas de modo que queden a paño con el borde del marco. Añada algunas fijaciones en el cabecero, con tornillos que sujeten el cabecero al travesaño de la pared. Use cuñas para absorber cualquier holgura.

PAREDES SÓLIDAS DE BLOQUES

La técnica para colocar marcos en paredes de bloques sólidos o de ladrillos es exactamente la misma que la aquí mostrada, excepto en lo que se refiere a los requisitos de las fijaciones. Para unir los marcos a la albañilería se utilizarán anclajes para hormigón o anclajes de marcos.

• *El marco correcto.* Los marcos se venden en forma de kit, y, por ello, en cierto modo están estandarizados a unos tamaños acordes con las dimensiones de las puertas y de las paredes modernas. En propiedades antiguas puede tener que preparar marcos a medida.

realización de un perfil en arco

Además de instalar una puerta en la abertura de la pared, pueden usarse perfiles en arco para proporcionar algo más que un elemento entre dos habitaciones y como alternativa a las puertas y huecos rectangulares tradicionales. En el pasado hubiera podido utilizarse un procedimiento muy probado para realizar un bastidor o cimbra para ejecutar el arco, y acabarlo con capas sucesivas de yeso. Sin embargo, hoy día, la innovación en la fabricación ha facilitado enormemente el proceso. Pueden comprarse, colocarse y enlucirse moldes de arcos, creando un perfil perfecto.

Realización de un perfil en arco en tabiques de montantes de madera

Herramientas para el trabajo

Taladro/destornillador sin cable

Destornillador

Sierra de metales

Martillo

Cinta métrica

Cuchillo de rellenar

Paleta de enlucir

Aun cuando pueden construirse perfiles en arco en huecos de la pared, el empezar por construirlos en una pared nueva de montantes de madera es el procedimiento más sencillo. Es más probable que una pared nueva, si está bien hecha, esté mejor escuadrada que una vieja, haciendo con ello más directa la realización del arco.

1 La mayoría de los moldes de arco tienen agujeros para alojar las fijaciones. Sujete en su sitio el molde del arco, para realizar cuatro agujeros de guía en los tablones de madera de la pared. Compruebe que la posición

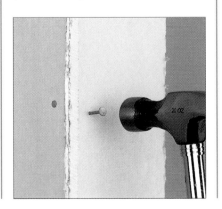

del reborde frontal del molde del arco se corresponde a las instrucciones en lo que se refiere al saliente del panel de cartón-yeso en los lados del tabique.

2 Asegure en su sitio el molde del arco con tornillos para madera. Utilice un destornillador manual, con preferencia al eléctrico sin cable, para apretar los tornillos, ya que un sobreapriete puede dañar el molde de yeso. En estos casos, se consigue un mejor control de movimientos con una herramienta manual.

3 Hay que cortar e instalar cartón-yeso entre la base del molde de arco y el suelo, de modo que quede cubierto el montante de madera, y su superficie quede a la misma profundidad que la base del molde del

arco. Fije la tira de cartón-yeso en su sitio, usando clavos para cartón-yeso, en la forma habitual, teniendo cuidado de no dañar el yeso.

4 Corte a la longitud apropiada (desde el borde inferior del arco al suelo) una cantonera, y únalo en los dos bordes de la abertura. Fíjelo usando clavos para cartón-yeso, asegurándose de que la arista de cada cantonera se alinea con las respectivas esquinas inferiores del molde del arco.

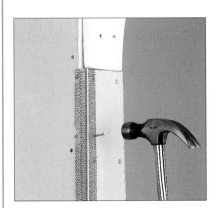

5 Repita los pasos 1 a 4 para instalar el segundo molde del arco y el forrado de la entrada. Es raro que las dimensiones de los moldes ajusten bien, y es frecuente que quede una cierta holgura entre los bordes superiores de los dos moldes. Use

👍 Consejos profesionales

Arcos forrados en seco. Es una técnica alternativa para realizar perfiles en arco. En lugar de utilizar cantoneras en los bordes laterales del arco, puede utilizarse una cinta para esquinas y mastique para juntas. La zona interna del molde del arco puede también rellenarse con aglomerante de enlucido, antes de acabarlo con mastique para juntas.

la técnica empleada para forrar los montantes de madera de ambos laterales del arco, para rellenar la holgura entre moldes del arco. Rellene el hueco entre los moldes con una tira de cartón-yeso y utilice cantoneras para formar los bordes.

6 Una vez colocados y alineados los moldes, el forro de cartón-yeso y las cantoneras, rellene los agujeros de los moldes con relleno multiusos o enlucido de capa ligante.

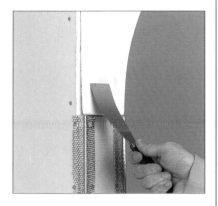

7 Encinte las juntas de las tiras de cartón-yeso con cinta autoadhesiva para juntas, al igual que las juntas entre el cartón-yeso y los moldes del arco.

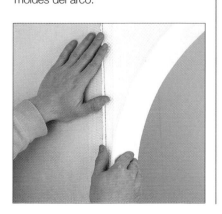

8 Enluzca la pared, asegurándose de extender el enlucido sobre los moldes del arco. Puede no tener que enlucirse la cara en arco o intradós de los moldes, dependiendo del tipo de molde utilizado. Una vez pulido y seco el enlucido, el arco queda listo para su decoración. En algunos moldes puede tener que darse dos capas de enlucido.

👍
Consejos profesionales

• *Mezclas.* Donde la superficie lisa del molde se encuentra con el borde enlucido de la abertura en la pared, puede tener que rejuntar la unión con un material fino de relleno para lograr un perfil de arco suave. Una vez rellenado, acabe la junta con un papel de lija muy fino.

• *Tratamiento de fisuras.* En la mayoría de los casos, siempre que los moldes del arco se hayan fijado firmemente y el enlucido se haya hecho de forma correcta, es poco probable que aparezcan fisuras en las junturas. Sin embargo, si aparecen fisuras, y no se hacen desaparecer rellenando y pintando de nuevo, puede convenir forrar el arco con papel para forrar, tapando las pequeñas fisuras que puedan reaparecer en el enlucido de debajo. Esta técnica permite ocultar fisuras pequeñas. La aparición de fisuras mayores sugiere una mala instalación, en cuyo caso habrá que volver a empezar desde el inicio el procedimiento de colocación.

Los arcos añaden forma a la habitación y suavizan los bordes, produciendo un ambiente relajado y confortable. También ayudan a ligar la decoración de dos zonas vitales.

clausura de un hueco de puerta – 1 ✂✂

Cuando hay que taponar un hueco de puerta, la primera consideración es si la pared está hecha de bloques sólidos o ladrillos, o si es de estructura de montantes de madera. En el primer caso, conviene siempre hacer la clausura con bloques o ladrillos, ya que las dimensiones de estos materiales serán más adecuadas que las de los montantes de madera, y el uso de materiales similares a los de la construcción inicial de la pared facilitará enormemente la ejecución del proyecto.

Herramientas para el trabajo

Palanqueta

Taladro/destornillador sin cable

Destornillador

Martillo

Paleta

Nivel

Paleta de enlucir

1 La primera tarea es la de quitar la puerta y su marco. La puerta puede ser simplemente destornillada de sus bisagras, pero seguramente habrá que apalancar el marco para separarlo de la obra de bloques. Una palanqueta es la herramienta idónea para ello y probablemente baste para arrancar el marco y quitar sus fijaciones.

2 Los bloques deben atarse de algún modo a los de la pared existente, para proporcionar resistencia y estabilidad. Existen varios diseños diferentes de unión. Ésta requiere atornillar en los bloques que forman el contorno del hueco a eliminar. Taladre unos agujeros para los tacos, en los niveles ocupados por el mortero, en los que se insertarán los anclajes a los que quedará agarrado el nuevo mortero colocado entre los bloques del hueco.

3 Inserte el taco de plástico y atornille al anclaje, apretando hasta el aro de tope. Puede tener que utilizar algún mecanismo de palanca para dar las últimas vueltas al anclaje. Se puede lograr una buena fijación introduciendo un destornillador en la forma en V del anclaje de este diseño y usándolo para hacer palanca y girar el anclaje hasta que quede en su posición.

4 Mezcle y coloque un lecho de mortero a lo largo del hueco de la puerta entre las dos caras de la pared.

Hay que colocar el mortero con una anchura igual a la de los bloques y con suficiente espacio para tener un buen lecho en el que poner los bloques.

5 Unte el extremo del primer bloque con mortero, proporcionándole un buen recubrimiento en forma de cono. Sea bastante generoso con el mortero, sin poner demasiado o en exceso, que irá cayendo de la parte superior del bloque. Use para ello una paleta de amasar, alisando en la zona de los bordes del bloque. Esto es también una buena prueba de la consistencia correcta de su mezcla. Debe quedar sobre el bloque una forma firme, pero trabajable.

Relleno de la abertura

1. Retire la puerta del marco y la moldura del marco.

2. Coloque los bloques en la abertura, usando bastidores de anclaje para unirlos a la obra de bloques de alrededor, o retirando bloques en niveles alternos en ambos lados de la abertura a cerrar, de modo que los nuevos bloques queden atados a la estructura de la pared.

3. Rellene la zona entre la última capa de bloques y el dintel con ladrillos.

4. Ponga un revoco o una capa de enlucido rayado sobre los bloques.

5. Aplique un enlucido final sobre el revoco.

6. Coloque la parte que falta de zócalo o cambie toda la sección del zócalo de esa pared.

7. Lije la zona recién enlucida y decore como convenga.

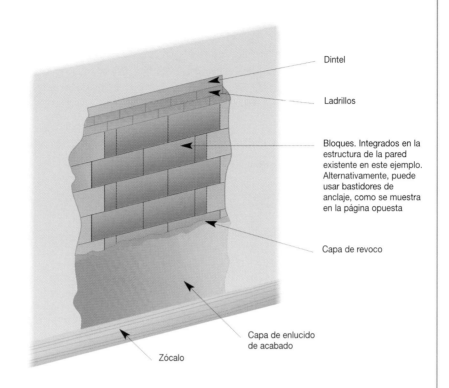

Dintel

Ladrillos

Bloques. Integrados en la estructura de la pared existente en este ejemplo. Alternativamente, puede usar bastidores de anclaje, como se muestra en la página opuesta

Capa de revoco

Capa de enlucido de acabado

Zócalo

6 Coloque el bloque en el lecho de mortero, bajo el primer anclaje, forzando el extremo untado con mortero contra la superficie del hueco a cerrar. Use un nivel para comprobar que el bloque queda nivelado. Continúe colocando otros niveles de bloques, hasta que el hueco quede lleno. Recuerde que debe colocar bastidores de anclaje en cada nivel, de modo que el nuevo trabajo de bloques quede unido fuertemente a la pared existente. Compruebe también que las juntas verticales entre bloques de niveles sucesivos quedan escalonadas.

OTROS PUNTOS DE ATENCIÓN

• *Alternativas a los bastidores de anclaje*
En lugar de usar bastidores de anclaje, es casi igual de efectivo el retirar el último bloque de capas alternas, creando así un efecto escalonado al integrarse los nuevos bloques con la estructura de los bloques existentes en la pared.

• *Corte de bloques*
Los bloques de hormigón pueden cortarse con la ayuda de un cortador de piedra, que probablemente tendrá que alquilar, o bien usando un mazo y un escoplo. En ambos casos, debe llevar gafas de seguridad por razones de seguridad.

• *Suelos de madera*
Cuando se cierra una abertura sobre un suelo de madera, tendrá que insertar una plancha de madera de solera en la parte inferior del hueco, lo que ayudará a proporcionar una base más rígida para construir el tabique de bloques. En caso contrario, la excesiva flexibilidad del suelo de madera puede fracturar las junturas entre bloques, según avance.

• *Juntas limpias*
Aun cuando los bloques van a quedar recubiertos por una capa de revoco y otra de enlucido de yeso, conviene hacer las juntas lo más limpias posible. Será mucho más fácil poner el revoco sobre juntas lisas que si sobre las juntas hay rugosidades salientes de mortero. Cada vez que termine la colocación de un bloque, recuerde que debe pasar la paleta y quitar cualquier exceso de mortero de las juntas, antes de que seque.

• *Mejoras del acabado*
Cualquiera que sea su destreza en los trabajos con bloques o su habilidad con el revoco y el enlucido, el hacer que no se note el antiguo hueco de puerta tras su decoración, es una tarea difícil. Después del enlucido, conviene realizar, a lo largo de la junta entre la pared nueva y la vieja, algún rellenado fino y lijado. También puede considerar la posibilidad de forrar la pared antes de su decoración, lo que hará que las juntas se noten menos.

clausura de un hueco de puerta – 2

Al cerrar una puerta en un tabique de tablazón de madera, el trabajo consiste básicamente en completar el entramado de madera y cartón-yeso para obtener un acabado lo más plano posible. Una de las consideraciones de mayor importancia es verificar que las dimensiones de los tablones y el cartón-yeso que va a utilizar son de dimensiones similares a los de la pared existente. El espesor de los tabiques de montantes varía con las casas y su época de construcción. No cometa el error de comprar los materiales equivocados, antes de comenzar el trabajo.

Herramientas para el trabajo

Destornillador

Palanqueta

Serrucho

Taladro/destornillador sin cable

Martillo

Cúter

Regla o nivel

Rascador

Fratás para enlucir

👍 Consejos profesionales

Recuerde que cuando rellena o clausura un hueco en la pared puede tener que cambiar el trazado de algunos servicios. Por ejemplo, los interruptores de la luz suelen estar junto a las puertas, y quedarán fuera de lugar una vez clausurada ésta. Por ello, debe hacer las adaptaciones necesarias, antes de iniciar el proyecto de clausura de la puerta, para recolocar los interruptores y cualquier otro servicio que considere.

1 Use un destornillador para quitar la puerta de sus bisagras. Con una palanqueta quite la moldura del marco.

Tenga cuidado de no penetrar con la palanqueta en la superficie de la pared, dañándola.

2 Use de nuevo la palanqueta para arrancar el marco de los montantes de la pared. La facilidad de ejecución de esta tarea dependerá de que el cerco esté fijado con clavos o con tornillos. Si se usaron clavos, la extracción del cerco suele ser fácil.

3 Coloque la sección que falta de plancha de madera de solera, cortando a la medida deseada un tablón de madera e instalándolo en la base del hueco de puerta. Haga primero unos taladros de guía, atornillando la plancha para fijarla firmemente.

4 Corte un tramo de tablón vertical a la altura del armazón y fíjelo con tornillos en su posición. Añada otro tablón en el lado opuesto del bastidor y, a continuación, un montante central desde el medio de la nueva plancha de solera hasta el centro del travesaño de la estructura de madera que quedaba sobre el cabecero de la puerta.

5 Dé más rigidez al armazón añadiendo travesaños de refuerzo entre los tres nuevos montantes verticales. Introduzca tornillos de forma inclinada, fijando los travesaños a los montantes, para dar mayor resistencia al conjunto. También pueden usarse clavos para esto, siempre que los travesaños queden en su lugar, con una sujeción fuerte.

6 Es mejor utilizar planchas pequeñas de cartón-yeso, horizontalmente, que usar una hoja de cartón-yeso de gran tamaño, que requeriría un corte muy preciso para que encajase en la abertura. Las planchas más pequeñas son más fáciles de manejar y de recortar a su tamaño. Sujete una plancha en la parte superior de la abertura y marque a lápiz el corte necesario.

7 Tienda la plancha en el suelo y corte con ayuda de un cúter para hacer una marca a lo largo de la línea de guía anteriormente trazada con el lápiz. El nivel resulta una regla excelente para guiar la hoja del cúter. Una vez terminada la muesca, dé la vuelta al cartón-yeso y dé un tirón para romper la hoja por la marca realizada.

8 Vuelva a colocar la plancha de cartón-yeso en la abertura, y fíjela en la posición prevista mediante clavos. Continúe las mediciones y añada planchas de cartón-yeso hasta completar el relleno del hueco. Realice el mismo proceso desde la otra cara del tabique. Puede añadir si lo desea una manta aislante antes de realizar este segundo proceso de colocación de paneles de cartón-yeso.

Si decide colocar aislamiento térmico, recuerde que debe usar guantes de protección, ya que el aislamiento suele irritar la piel.

9 Ponga sobre las juntas cinta autoadhesiva para juntas a lo largo de las juntas entre las planchas de cartón-yeso y la pared y entre las distintas planchas. Alise la cinta para que no queden protuberancias ni arrugas.

10 Ahora elija entre forrar en seco o enlucir el cartón-yeso. El forrado en seco puede considerarse como opción en el caso de que la superficie del nuevo cartón-yeso quede totalmente a ras con el de la pared existente. En caso contrario, después de decorar, la pared del lugar ocupado por el hueco quedaría ligeramente en escalón con respecto a la pared de la habitación. El enlucido de toda la zona suele ser una mejor solución. Antes de aplicar un enlucido de acabado, rellene sobre las juntas encintadas, con una masilla ligante, para proporcionar una base para el enlucido. Una vez seca ésta, aplique el enlucido de acabado sobre toda la zona, suavizando la unión con la superficie de la pared existente.

Repita el proceso por el otro lado de la pared. Tras el secado del enlucido, puede colocarse el zócalo que faltaba y decorar las paredes.

PREPARACIÓN PARA LA DECORACIÓN

Para lograr un buen acabado y hacer que el hueco clausurado no se note, hay una serie de procesos finales que mejorarán el efecto "invisible".

• *Lijado fino.* Aunque es parte del procedimiento estándar de preparación, en el caso de la ocultación de un antiguo hueco de puerta, resulta aún más importante. La aplicación de un material de relleno fino, seguida de un lijado adicional, mejorará la lisura del acabado final.

• *Pintado del hueco de puerta clausurado.* Cuando se pinta un tabique de montantes de madera, incluso si se utiliza un color idéntico al resto de la pared, inevitablemente se notará el nuevo trozo de pared. Por ello es mejor dar una imprimación a la zona recién enlucida, aplicar una mano de la pintura final y, a continuación, aplicar una capa final de la pintura de acabado sobre la totalidad del tabique. Puede parecer extravagante, pero suele ayudar a hacer el hueco clausurado menos notable.

• *Forrado.* La mejor opción suele ser el forrar la pared completa después de tapar el antiguo hueco. El espesor del papel de forro (1000-1200 micras es el idóneo) ayuda a alisar aún más la pared y hace más improbable que siga notándose la zona clausurada. Una vez forrado, el tabique puede pintarse.

instalación de puertas

La instalación de una puerta requiere utilizar una técnica metódica, que puede adaptarse para tener en cuenta las diferencias en el diseño y la función de la puerta. Los principios y el método permanecen iguales para todas las puertas, pero puede ser necesario introducir variaciones durante su instalación, dependiendo de factores tales como si se trata de una puerta interior o exterior, o qué tipo de goznes se utilizan. En este capítulo se presta atención a muchas de estas variaciones en el diseño y el uso de las puertas, y se muestran los procedimientos más comunes para la instalación no sólo de las puertas mismas, sino también de todos los accesorios necesarios para su correcto funcionamiento. En éstos hay que incluir las manillas necesarias para abrir y cerrar, así como los accesorios importantes para la seguridad, que se han convertido en requisitos esenciales de la vida moderna. Las puertas son componentes fundamentales del funcionamiento de su casa, y, por ello, se debe prestar mucha atención a los detalles, lo que al final valdrá la pena.

Recogida en un patio abandonado, esta puerta fue recortada al tamaño deseado y renovada, dotándola de paneles con cristales grabados.

selección de opciones

La selección de puertas puede dividirse inicialmente en dos categorías, según se trate de puertas exteriores o interiores. Tras esto, la elección pasa a ser una combinación de gustos personales y consideraciones sobre el precio. Dependiendo de la calidad del producto hay una enorme diversidad de precios. Se debe prestar atención a cómo está hecha la puerta, así como a su calidad general en lo referente a los materiales empleados en su construcción, antes de tomar una decisión final sobre el estilo que se va a escoger.

Puertas exteriores

Teniendo en cuenta que las puertas exteriores están expuestas a la intemperie, su fabricación y estructura suele ser más resistente que la de las puertas interiores. También pueden ser algo más anchas y gruesas que las interiores.

Paneles de maderas duras

Opción de puerta exterior estándar y de buena calidad. La madera dura ofrece una excelente protección frente al envejecimiento debido a la intemperie.

PVC

Normalmente se instala para que quede a juego con ventanas de PVC por su resistencia al envejecimiento por la acción de los elementos.

De establo

Estilo tradicional de puerta, en el que ésta está dividida en dos partes que se abren separadamente. Necesita cuatro bisagras.

De madera dura, parcialmente acristalada

Alternativa a la puerta de paneles de madera. El acristalamiento permite más entrada de luz en un vestíbulo oscuro.

Acristalada

Las puertas exteriores totalmente acristaladas mejoran la entrada de luz al vestíbulo de entrada.

Marco para exteriores

El marco de una puerta exterior es una parte esencial para un funcionamiento satisfactorio. De nuevo La calidad es fundamental. Con una peana de umbral en madera dura, resulta una elección excelente.

Las puertas interiores suelen ser menos anchas y de menor espesor que las puertas exteriores. Los diseños y estilos suelen ser más variados, ya que en este caso no es preciso hacer en su diseño consideraciones sobre la resistencia a la intemperie.

Paneles de madera blanda

Opción muy utilizada de puerta interior. Presenta características de un diseño tradicional, atractivo, aunque sencillo.

Acristalada de madera blanda

Excelente para la claridad de habitaciones y pasillos oscuros. El acristalamiento incrementa considerablemente el precio.

Paneles en sándwich

Las puertas de paneles en sándwich son una alternativa a las macizas y, en general, mucho más baratas que sus equivalentes macizas.

Lisas

Opción económica, con la superficie totalmente sin relieve. Es una buena elección para personas con un presupuesto apretado.

De lamas

Usadas principalmente en puertas de armarios, más que en entradas. Son ligeras, aunque no las más resistentes.

Travesaños y tirantes

Puerta de aspecto tradicional. Las más resistentes suelen usarse también como puertas exteriores.

vista exterior   vista interior

Puertas de madera

La cuestión principal a la hora de comprar puertas de madera es la de estar seguro de que la puerta no se deformará, originando problemas en su apertura y cierre. Esta preocupación puede solucionarse gastando un poco más para comprar mejor calidad. También puede evitarse sellando su superficie inmediatamente después de colocarla en sus goznes, con objeto de evitar la penetración de humedad.

Innovaciones modernas

Además del PVC, se utilizan también otros materiales modernos en la construcción de puertas. Por ejemplo, el acero y la fibra de vidrio suelen utilizarse en puertas, especialmente en las exteriores. Los objetivos son, nuevamente, mejorar las propiedades de resistencia a la intemperie, reducir el riesgo de que la puerta se combe y se deforme, y mejorar sus propiedades de seguridad.

selección de opciones

53

herrajes y accesorios de seguridad

Las puertas necesitan, evidentemente, un conjunto de accesorios para que puedan funcionar satisfactoriamente. Aunque es una cuestión principalmente práctica, hay que hacer un número considerable de elecciones, en lo que se refiere a estilos y diseño, a la hora de comprar herrajes para las puertas. Si añade a esto los elementos importantes para la seguridad que pueda necesitar, la selección se amplía. Se necesita pues observar algunos ejemplos sobre las disponibilidades, de modo que pueda escoger de acuerdo con sus necesidades particulares.

Manillas

Las manillas de puertas pueden agruparse, de forma general, en dos categorías: las de tipo pomo, y las que funcionan a modo de palanca. La mayoría hacen funcionar el mecanismo de apertura y cierre de la puerta, el pestillo o resbalón, mediante un vástago que une las manillas de ambos lados de la puerta, a través del mecanismo del pestillo. En puertas que no tienen un mecanismo de pestillo, como en el caso de las puertas de armario, que suelen tener un retén con resorte, la manilla no necesita un vástago, y sólo se utiliza para proporcionar un asidero para abrir la puerta. A la derecha se muestran algunos ejemplos de manillas de uso frecuente y conjuntos de pestillo que pueden funcionar por la acción de las mismas. Debido a la gran variedad de diseños disponible, se pueden combinar sus estilos con los elementos de seguridad importantes utilizables en puertas.

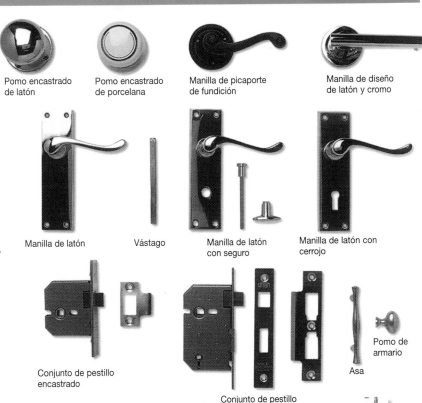

Pomo encastrado de latón

Pomo encastrado de porcelana

Manilla de picaporte de fundición

Manilla de diseño de latón y cromo

Manilla de latón

Vástago

Manilla de latón con seguro

Manilla de latón con cerrojo

Conjunto de pestillo encastrado

Conjunto de pestillo y cerrojo encastrado

Asa

Pomo de armario

Bisagras

En la mayoría de puertas de armarios y huecos interiores se utilizan bisagras planas sencillas como mecanismos de articulación. Aun cuando la mayor parte de la bisagra queda oculta con la puerta cerrada, hay algunos diseños con gran atractivo decorativo. Los goznes vistos, como el antiguo de hierro mostrado en la figura, se usan en conjunción con estilos tradicionales de puertas, tales como los tipos de puertas de establo o de travesaños y tirantes. Las bisagras de piano son también una posibilidad en las puertas de armario.

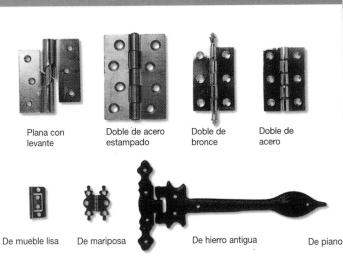

Plana con levante

Doble de acero estampado

Doble de bronce

Doble de acero

De mueble lisa

De mariposa

De hierro antigua

De piano

Seguridad de las puertas

Los elementos de seguridad están relacionados con las puertas exteriores, aunque algunos elementos se instalan en puertas, como la de los cuartos de baño, por razones de privacidad. La mayor parte de los dispositivos accionan directamente el mecanismo del pestillo, o están separados de éste, constituyendo un dispositivo adicional de seguridad en otras zonas de la puerta. Dado que la seguridad es una cuestión de gran importancia en la sociedad moderna, existen muchos diseños diferentes. A la derecha se muestran ejemplos de mecanismos de seguridad disponibles, adaptados a distintas exigencias.

Consejos profesionales

Conviene recordar que, aunque los productos de seguridad son caros, obtendrá a cambio mayor tranquilidad y, quizá, mejores primas de seguros. Un mayor precio también suele asegurar que el producto durará más y funcionará correctamente durante su vida útil.

Mirilla con tapa

Mirilla

Limitador de apertura

Cadena de seguridad

Falleba con pomo

Cerrojo de puerta

Tirador cilíndrico

Perno de puerta empotrado

Cerradura cilíndrica de seguridad

Cerradura de seguridad plana

Cerradura de palanca

55

Accesorios

Además de los aspectos fundamentales de la guarnición de la puerta, esto es, los de apertura y cierre y de seguridad, hay otros artículos que pueden instalarse en una superficie de puerta, bien sea para complementar los ya mencionados, bien para otros usos específicos. Las puertas contraincendios, por ejemplo, requerirán mecanismos de cierre de resorte. Muchos de estos artículos presentan un aspecto muy decorativo y pueden elegirse considerando los requisitos estéticos. Estos elementos suelen ser de instalación menos complicada que otros componentes de la guarnición de una puerta. Conviene montar estos añadidos, para mejorar el aspecto y dar mayor funcionalidad a la puerta en su conjunto.

Placa de buzón

Cerrador de puerta escondido

Aldaba o llamador

Placa contra ensuciamiento

Escudo de bocallave en latón

Cerrador de puerta de latón

Escudo de bocallave con tapa

Escudo de bocallave en porcelana

Tope de puerta del zócalo

corte a medida

Es poco probable que la puerta ajuste perfectamente en el marco, con lo que posiblemente habrá que realizar algún corte para adaptar el tamaño, aunque recortar excesivamente una puerta puede debilitar su estructura. Esto es particularmente importante en el caso de puertas huecas, basadas en un simple bastidor de madera. En la mayor parte de los casos, la puerta puede recortarse con una sierra o un cepillo de carpintero, pero en algunas puertas especiales, con una plancha de acero, o en el caso de puertas de fibra de vidrio o fibra de carbono, debe observar las instrucciones del fabricante.

Puerta interior de paneles

El ajuste de una puerta interior de paneles proporciona un buen ejemplo de la mejor técnica para cortar una puerta al tamaño requerido. La instalación de una puerta a un marco antiguo puede resultar más complicada, pero la técnica básica será la misma en ambos casos. En primer lugar, la puerta debe recortarse a un tamaño menor que el hueco. Una vez hecho esto, se puede proceder al ajuste fino.

Herramientas para el trabajo

Martillo
Lápiz
Cinta métrica
Nivel o regla
Cepillo de carpintero o cepillo mecánico
Tablón o palanca para elevar la puerta

1 Inserte dos clavos en el cabecero del marco. La distancia desde el frontal del cabecero debe ser igual al espesor de la puerta. De este modo, al colocar la

puerta en su posición, quedará apoyada en los clavos, evitándose que caiga y sujetándose con suficiente firmeza para realizar el proceso de ajuste.

2 Coloque la puerta en el marco, y marque alrededor de los bordes del marco una línea de guía, de modo que quede una holgura de 3 mm entre los bordes del montante de la puerta y la jamba del marco. Dependiendo de cómo esté escuadrado el marco, la cantidad de madera a eliminar puede variar de un sitio a otro.

CEPILLO MECÁNICO

El cepillo mecánico es una herramienta idónea para el recorte de puertas de forma rápida. Es especialmente útil cuando hay que acuchillar más de unos pocos milímetros.

Consejos profesionales

Recorte de sobrantes. Cuando hay que eliminar más madera del borde de la puerta que la que puede hacerse con un cepillo, puede tener que usarse una sierra de calar con una hoja de sierra fina.

3 Una los puntos marcados a lo largo del borde de la puerta, guiándose con una regla o un nivel.

4 Puede también ser necesario el recorte de la altura de la puerta, dependiendo del escuadrado del marco o de la horizontalidad del suelo. Ajuste sus medidas para tener en cuenta la holgura requerida en el suelo.

5 Con un lápiz una las marcas de las medidas, con el fin de tener una línea para hacer el recorte.

6 Cepille a lo largo del borde de la puerta, eliminando la madera hasta la línea de guía. Amordace la puerta a un banco de trabajo para realizar esta tarea, para sujetarla en una posición fija durante el proceso de cepillado.

7 Cepille a lo largo del borde anterior de la puerta con un ligero ángulo, de modo que se elimine un poco más de madera de este borde, que constituirá el borde de cierre de la puerta. Este material adicional eliminado, producirá una holgura mayor en la parte posterior

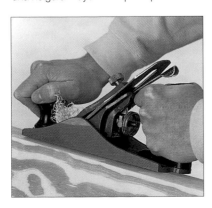

del borde anterior que en la parte frontal. Esto hace que la holgura sea más uniforme durante la apertura y cierre, reduciendo el riesgo de que la puerta pegue en el marco en el futuro.

8 Una vez que se han recortado los bordes laterales y se ha verificado su ajuste en el hueco de la puerta, recorte el borde superior y/o el inferior, según se necesite. Para ello, puede utilizar de igual modo el cepillo. Teniendo en cuenta que para ello debe pasar el cepillo transversalmente a la veta de los montantes de la puerta, debe cepillar desde el borde al centro de la puerta, y no en el sentido contrario, ya que esto podría provocar el astillamiento del borde, afeando su aspecto.

9 Un listón o un levantador de puerta son herramientas idóneas para mantener levantada la puerta, mientras realiza el ajuste fino y las medidas de las holguras. También ayudará a sostener el peso de la puerta, levantando o bajando ésta, según convenga. Es mejor situar el levantador de puerta debajo del montante central y travesaño inferior de la puerta.

10 Acuñe la puerta en la posición correcta en sus pares inferior y superior, apretando la puerta contra la jamba del lado de las bisagras. Mida la holgura existente entre el borde anterior de la puerta y el marco, que debe ser de 6 mm exactamente. De este modo la holgura en cada uno de los bordes será de 3mm, cuando la puerta quede colgada de sus bisagras.

PUERTAS EXTERIORES

El proceso de ajuste de las puertas exteriores es muy similar al descrito para las puertas interiores, excepto en que en las exteriores habrá que hacer un ajuste a un marco cerrado, en lugar de en un cerco abierto. En todo lo demás la forma de hacer el ajuste es idéntica. También tendrá que hacer, probablemente, un rebajo en la parte inferior de la puerta para alojar el vierteaguas de la peana del marco. Esto puede conseguirse utilizando una fresadora. Algunas puertas se suministran con "cuernos" que prolongan los montantes laterales de la puerta. El objeto de estos salientes es simplemente el de proteger la veta hasta la realización del proceso de ajuste. Hay que cortar estos salientes antes de proceder al proceso de ajuste. Las puertas exteriores son, normalmente, mucho más caras que las interiores, principalmente porque están diseñadas para ser mucho más resistentes al envejecimiento debido a la intemperie que sus equivalentes interiores. Los errores pueden resultar de gran coste. Por ello, conviene tomarse un tiempo adicional en la realización de las mediciones, asegurándose de no estropear ningún material.

colocación de bisagras ⁊⁊⁊

La precisión en la colocación de las bisagras es un factor vital en la facilidad y eficiencia del funcionamiento de la apertura y cierre de una puerta. Las puertas exteriores deben tener siempre tres bisagras, ya que suelen ser más pesadas que las interiores. El hecho de disponer de tres bisagras también hará más improbable la deformación de la puerta, y, por ello, puede ser una buena opción si se han comprado puertas relativamente baratas. Sin embargo, en el caso de la mayoría de las puertas interiores, éstas pueden colgarse con resultados satisfactorios únicamente de dos bisagras lisas.

Herramientas para el trabajo

Cinta métrica

Escuadra

Mazo de madera

Formón

Taladro/destornillador sin cable

Levantador de puerta

1 Marque la posición de la bisagra sobre el canto de la puerta, a 15 cm desde la parte superior y a 22,5 cm desde la parte inferior de la puerta.

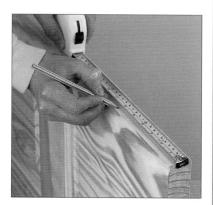

2 En la marca superior, presente la bisagra por el lado equivocado y directamente bajo la medida de los 15 cm. Sosteniéndola con el lado

equivocado hacia arriba, puede colocarse el perno de la bisagra a ras contra el borde de la puerta, lo que asegura que se marca la posición de la bisagra en el sitio exacto. Trace una línea de referencia a lo largo del borde de la bisagra.

3 Para medir la profundidad de las bisagras que va a utilizar, sujete una contra una escuadra. Ajuste la regla de la escuadra a la profundidad de la bisagra y bloquee la regla con su tornillo de fijación.

4 Sujete la escuadra perpendicularmente al borde de la puerta, de modo que pueda trazar con precisión la profundidad de la bisagra sobre la cara de la puerta.

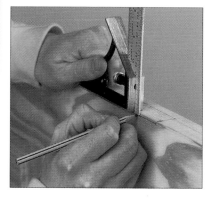

5 Use un mazo de madera y un formón afilado para eliminar madera hasta la profundidad marcada, indicando el espesor de la bisagra, haciendo muescas con el formón en el sitio de los bordes de la bisagra. Así no saltarán astillas al realizar con el formón una muesca a lo largo de la marca vertical.

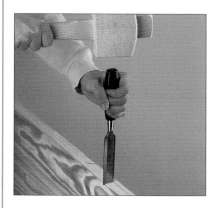

6 La madera debe eliminarse poco a poco, para mantener un corte y una profundidad precisos. Haga con el formón varios cortes horizontales en la posición que ocupará la bisagra, permitiendo que el formón sólo penetre hasta la profundidad marcada en la cara de la puerta. Al golpear el formón de modo que penetre demasiado se producirá una superficie desigual cuando quite la madera del rebajo.

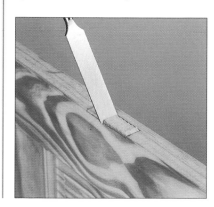

7 Sitúe ahora el formón para insertar su hoja por debajo de y en ángulo recto con los cortes horizontales. Haga palanca para arrancar los trozos de madera, con precaución de que el formón no vaya más allá de la línea de referencia trazada de la bisagra.

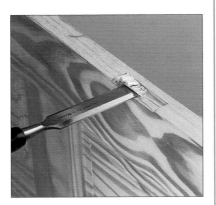

8 Repita los pasos 2 a 7 para la bisagra de la parte inferior, pero sosteniendo la bisagra por encima de la medida de 22,5 cm. Coloque entonces la puerta en su sitio sobre el marco, pero poniendo una bisagra abierta entre la parte superior de la puerta y el marco. Esto dará la medida de la holgura de la parte de arriba, pudiendo así marcar la posición exacta de las bisagras en el marco. Haga señales en el marco, en la parte superior e inferior de la posición de las bisagras, tanto para la de arriba, como para la de abajo.

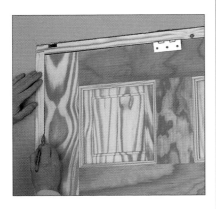

9 Quite la puerta y sostenga una bisagra contra el marco, con la cara equivocada hacia arriba. Marque alrededor de ella con un lápiz afilado. Mida la profundidad de la bisagra y elimine material con el formón, según

se necesite, como se hizo sobre el canto de la puerta. Ejecute este proceso para ambas bisagras.

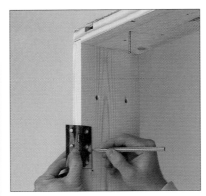

10 Sostenga en el lugar y en la posición correcta, con la cara vista hacia arriba, una bisagra sobre el borde de la puerta. Marque con el lápiz en las posiciones de los tornillos, permitiendo que la punta del lápiz se mueva muy ligeramente hacia atrás, desde el centro del agujero de la pala de la bisagra hacia su borde posterior.

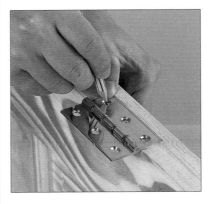

11 Retire la bisagra y haga unos agujeros de guía para la colocación de los tornillos. Procure ser muy preciso, realizando los agujeros de forma perpendicular sobre las marcas de la punta del lápiz.

12 Vuelva a colocar las bisagras e inserte los tornillos en los agujeros de guía. No apriete los tornillos hasta haber puesto los tres y la bisagra esté en su posición correcta. Repita los pasos 10 a 12 para la bisagra inferior.

13 Sostenga la puerta abierta pero en su posición respecto del marco. Compruebe que cada bisagra encaja exactamente en los rebajos hechos en el marco con el formón. Marque con un lápiz y taladre los agujeros de guía de los tornillos, antes de atornillar la bisagra en su sitio. La puerta debe poderse abrir y cerrar sobre el marco con suavidad.

montaje de manillas – 1 ↗

Las manillas se montan en tres etapas, cada una relativa a los principales componentes necesarios para su funcionamiento. Primero hay que montar el pestillo; en segundo lugar, la propia manilla, y, por último, el cajetín, instalado en el marco. Aunque en el ejemplo siguiente se muestra una cerradura empotrada de palanca, los principios de la instalación son los mismos en el caso de una cerradura empotrada simple.

Herramientas para el trabajo

Lápiz

Escuadra

Taladro/destornillador sin cable

Formón

Instalación del pestillo o resbalón

1 Sostenga el pestillo en una cara de la pared a la altura deseada. Haga que la placa del pestillo se solape sobre el canto de la puerta, de modo que la caja del mecanismo del pestillo asiente contra la superficie de la puerta. Haga una marca con el lápiz sobre la parte superior del pasado, otra en la parte inferior y dos a ambos lados, para mostrar la posición del vástago y la altura del ojo de la llave.

2 Usando una escuadra, haga unas líneas de guía horizontales en los puntos marcados en la superficie de la puerta. Compruebe que la escuadra está bien sujeta contra el borde de la puerta, para que las líneas estén hechas con precisión. Continúe estas líneas por el canto de la puerta y por la cara opuesta, realizando una imagen especular de las primeras guías.

3 Mida la anchura exacta del canto de la puerta y fije la escuadra a la mitad de dicha anchura. Utilice la escuadra para trazar una línea vertical de guía, cruzando las líneas de guía horizontales del canto de la puerta.

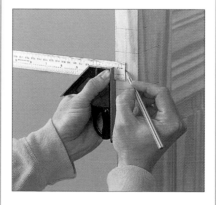

4 Vuelva a usar la escuadra para medir la distancia exacta entre el frontal de la placa de la cerradura y el centro del agujero para el vástago. Fije la escuadra en esa posición, con la medida correcta. Puede añadir una distancia muy pequeña a esa medida, con objeto de compensar el espesor de la placa de la cerradura, que quedará empotrada en el canto de la puerta.

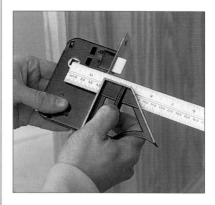

5 Pase estas mediciones al borde de la puerta, alineando la escuadra con la guía hecha a lápiz que señala en la cara de la puerta la altura del agujero para el vástago. Trace una línea vertical que se cruce con la línea horizontal en ese lugar, para marcar un eje de referencia preciso. Repita este proceso en la cara opuesta de la puerta. Repita los pasos 4 y 5 sobre la línea horizontal de guía, para marcar la posición exacta del ojo de la llave. Compruebe las mediciones, ya que los errores serán de difícil corrección.

👍 Consejos profesionales

La precisión es esencial en la instalación de cierres de pestillo. Es imprescindible que los formones utilizados estén afilados como una navaja. Por ello, antes de comenzar la instalación del pestillo, compruebe el buen mantenimiento de estas herramientas, para asegurar que se completa el trabajo con una alta calidad. (Véase también la sección referente al cuidado de las herramientas, en la página 37.)

6 Utilice un taladro manual o una broca plana para perforar el canto, siguiendo la línea vertical de guía. El tamaño de la broca debe ser igual al espesor de la caja de la cerradura. Mida la profundidad de la cerradura y transfiérala a la broca, marcándola con una tira de cinta aislante. Así puede taladrar con precisión hasta la profundidad requerida para la cerradura. Haga unos agujeros a lo largo de la línea de guía vertical, solapando los mismos. Verifique que la broca penetra en el canto de la puerta en ángulo recto, de modo que la profundidad de los agujeros sea constante.

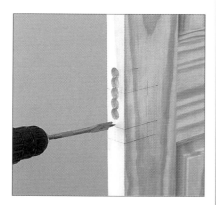

7 Taladre sendos agujeros en las cruces que marcan la posición del vástago y el ojo de la llave, usando el taladro manual o broca plana del tamaño adecuado. En el caso del ojo de la llave, puede necesitarse la ejecución de dos taladros superpuestos. Para que no se astille la madera, taladre en los puntos marcados desde ambas caras de la puerta, ya que taladrando desde un lado, si se perfora todo el espesor de la puerta, puede causar daños en la superficie por donde sale la broca.

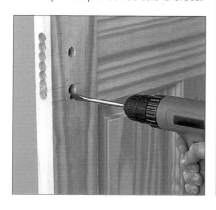

8 Utilice un formón para hacer una superficie plana en los agujeros superpuestos realizados a lo largo del canto de la puerta. Trabaje de forma minuciosa para obtener un corte limpio y preciso. Haga cortes de seguridad horizontales, a contraveta, en la parte superior e inferior del hueco para el empotramiento. Así no se astillará.

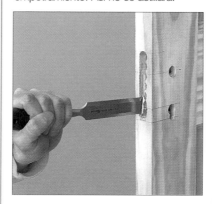

9 Empuje la cerradura en el hueco y trace con cuidado una línea a lápiz por el borde de la placa de la cerradura. En esta etapa hay poco margen de error, por lo que, antes de hacer la marca, debe tomarse el tiempo necesario para asegurarse de que la cerradura queda perfectamente vertical, con el vástago y el ojo de la cerradura alineados con precisión.

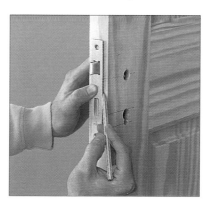

10 Retire la cerradura y elimine con el formón un espesor de madera igual al espesor de la placa de la cerradura. De nuevo, evite el astillamiento de la madera, haciendo cortes de seguridad, perpendiculares a la veta, en las líneas de guía horizontales de los bordes superior e inferior de la zona a rebajar, antes de proceder a cortar verticalmente con el formón, siguiendo la veta de la madera.

Quite con cuidado la madera suelta, hasta alcanzar el nivel deseado y la placa quede a ras con la superficie.

11 Vuelva a colocar la cerradura, de modo que la placa encaje en la zona rebajada con el formón. La placa debe quedar vertical y a ras con la superficie del canto de la puerta. Haga agujeros de guía para los tornillos.

12 Por último, atornille la cerradura, asegurándola mediante tornillos en los agujeros de la parte superior e inferior de la placa. Compruebe que los tornillos agarran bien, pero no los apriete en exceso, con objeto de no deformar la placa de la cerradura.

montaje de manillas – 2

Con el conjunto del pestillo ya montado, el siguiente paso es el del montaje de la manilla propiamente dicha en la puerta. La mayor parte de las manillas se fabrican para que se ajusten en vástagos estándar, que, a su vez, se insertan a través de la cerradura y del mecanismo del pestillo. Esto le permite la elección de manillas, de acuerdo con sus gustos personales. En este caso se usa una manilla de cerradura de palanca para mostrar la técnica general necesaria para la instalación.

Herramientas para el trabajo

Lezna

Taladro/destornillador sin cable

Destornillador

Cinta métrica

Lápiz

Escuadra

Formón

Instalación de la manilla en la puerta

1 Primeramente, coloque el vástago en su sitio, a través de la puerta y del mecanismo, para verificar que queda perfectamente ajustado. Si queda ligeramente fuera de posición, puede estorbarse el movimiento del vástago, por lo que es esencial verificar que su colocación está libre de obstáculos de cualquier clase.

2 Monte una manilla sobre el vástago y fíjela en la posición correcta, vertical, sobre la superficie de la puerta. Puede verificarse con un nivel, pero basta con comprobarlo a simple vista,

observando la distancia de las partes superior e inferior de la placa de la manilla al borde de la puerta. Utilice una lezna para hacer marcas en la superficie de la puerta, en la posición de los agujeros para los tornillos de la placa.

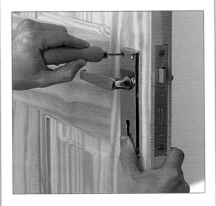

3 Retire la manilla y use una broca pequeña para hacer agujeros guía en las marcas. No penetre de forma excesiva, puesto que los agujeros sólo son puntos de inicio para el avance de los tornillos.

4 Vuelva a colocar la manilla y atorníllela en su lugar con cuidado. Siga un orden para asegurar que la placa de la manilla permanece nivelada. Comience por un tornillo

de la parte superior de la placa. A continuación, inserte el del agujero opuesto en diagonal de la parte inferior de la placa. Después coloque el otro tornillo superior, para finalizar con el otro tornillo de la parte de abajo. Esto facilita que la manilla quede perfectamente alineada durante todo el proceso de inserción de los tornillos.

Consejos profesionales

Para atornillar en su sitio las placas de las manillas, conviene utilizar un destornillador manual, con preferencia sobre uno eléctrico. Tiene más control para asegurar que la placa queda vertical y las probabilidades de que el destornillador resbale sobre la cabeza del tornillo, produciendo arañazos en la superficie de latón, son menores. Esos arañazos no pueden repararse.

Instalación del cajetín

Tras la instalación del mecanismo del pestillo y de las manillas, pasamos al montaje en el marco del cajetín o placa de cierre.

1 Con la cerradura en posición cerrada, cierre la puerta sobre su marco, hasta que el cerrojo y el pestillo apoyen en el marco. A continuación haga unas marcas en el canto del marco con un lápiz, señalando los bordes superior e inferior del pestillo o del cerrojo. Haga estas marcas tan nítidas como pueda, ya que la precisión es muy importante.

2 Abra la puerta y prolongue sobre las caras del marco las líneas de lápiz marcadas en el canto del marco.

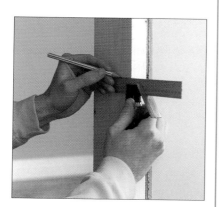

3 Con la puerta en una posición abierta, debe medir con precisión la profundidad exacta del pestillo y del cerrojo, al igual que su posición en la anchura del canto de la puerta, para determinar la posición correcta de la placa de cierre. Fije la escuadra de combinación en esa profundidad, apretando el tornillo de la regla.

4 Transfiera la medida de profundidad al canto del marco, haciendo una línea vertical de referencia para el frontal del pestillo y del cerrojo, respectivamente, entre las líneas de guía horizontales correspondientes.

5 Sostenga en su lugar la placa de cierre. Marque a su alrededor, para indicar su posición exacta.

6 Elimine material entre las líneas de guía del pestillo y el cerrojo y dentro de la línea del borde de la placa de cierre. Coloque esta placa, haga agujeros de guía, y, a continuación, atornille la placa de cierre en su sitio.

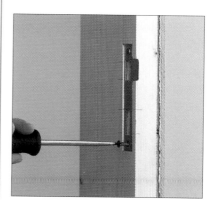

Tras el montaje de los herrajes de la puerta, del tope y de la moldura del marco, puede decorarse toda la zona, para lograr un producto con un acabado atractivo.

acabado del marco

Una puerta debe completarse con el tope de cierre y las molduras o tapetas del marco. El tope evita que la puerta cierre más allá de quedar a ras con la pared. Si no lo instala, puede cerrarse hasta más allá, con el riesgo de dañar las bisagras. Las molduras del marco o tapetas, por el contrario, sólo tienen una función decorativa, añadiendo un acabado al marco y un encuadre general a la puerta.

Herramientas para el trabajo

Serrucho
Martillo
Lápiz
Nivel
Sierra de ingletes o bloque para ingletes
Cinta métrica
Puntero para clavos

Puertas exteriores

La mayoría de las puertas exteriores no necesitan la instalación de un tope, ya que su marco suele tener un galce de tope en el propio marco. Así, los marcos de puertas exteriores no necesitan tapeta, pero en su parte interior, el marco puede rodearse de una moldura, si se precisa.

Instalación del tope de puerta

Las dimensiones de los topes de puerta varían, pero lo más frecuente es que tengan una sección de 3,75 x 1 cm. Los tamaños varían con las dimensiones de las puertas. Normalmente el tope se suministra como un elemento del *kit* del marco.

1 Cierre la puerta, de modo que usted quede en el lado del interior del marco. Dibuje una línea a lápiz con sumo cuidado a lo largo del encuentro de la superficie de la puerta con el marco. Abra la puerta y corte longitudes de la pieza de tope que ajusten con el cabecero del marco y las dos jambas. Comience por colocar el tope del

cabecero del marco. Verifique que ajusta con precisión, antes de fijarlo. Utilice clavos de marcos para su fijación.

2 Clave en su sitio el tope de puerta del cabecero del marco, de modo que su borde frontal quede alineado con la línea de guía. No introduzca los clavos completamente en esta fase. Simplemente clávelos hasta que el tope quede sujeto, pero de modo que sobresalga la cabeza del clavo. Esto permite sacar el clavo y volverlo a colocar con facilidad, si fuese necesario.

3 Corte e instale el tope de la jamba de la placa de cierre. Después, corte e instale el tope de la jamba de las bisagras del marco. En lugar de seguir la

línea a lápiz en la colocación de esta tabla, fíjelo en una posición algo detrás de dicha línea. Esta desviación permitirá que el borde de la bisagra cierre de forma fácil, evitando que pegue contra el tope. Después de comprobar varias veces si funciona, termine de poner los clavos.

Colocación de la tapeta o moldura del marco

Una vez que haya elegido el estilo de la moldura, su instalación es relativamente sencilla, siempre que los cortes sean precisos y estén hechos con una sierra de ingletes o usando un bloque para ingletes. Recuerde que para lograr un buen efecto decorativo, si lo considera conveniente, la tapeta puede elegirse a juego con el resto de las molduras de la habitación, tales como el zócalo y el remate del friso.

1 Utilice un retal de la moldura del marco para determinar las posiciones en la esquina. Sostenga la pieza en su lugar sobre la puerta, aproximadamente a 0,5 cm por fuera del borde del marco. Esta distancia suele decidirse por preferencias estéticas,

siendo una cuestión de gusto personal. Sin embargo, una vez que haya elegido esta distancia, debe mantenerse uniformemente en todo el perímetro del marco. Trace una línea a lápiz en la parte superior de la moldura y prolónguela sobre la superficie de la pared, a los lados de la puerta, ya que esto ayudará a mantener las distancias.

2 Sostenga verticalmente el retal de moldura en la jamba del lado de las bisagras, manteniendo una distancia, entre el borde de la moldura y la puerta, igual a la utilizada en el cabecero. Si traza una nueva línea por el borde exterior de la moldura, ésta se cruzará con la línea de guía horizontal trazada en el paso anterior. A continuación, repita los pasos 1 y 2 para la otra esquina del marco. Estas líneas a lápiz le proporcionarán una guía precisa de lo que constituirán las esquinas exteriores de su moldura.

3 Determine la longitud requerida del listón superior de la moldura, midiendo la distancia entre los dos puntos en que se cruzan las líneas

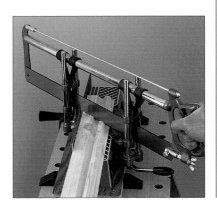

a lápiz, en las esquinas superiores del marco. Marque esta medida en la cara posterior de una pieza de moldura. Use una sierra de ingletes para cortar la moldura a su tamaño, con precisión.

4 Coloque la moldura sobre el marco y clávela en su posición. Lo ideal es que los clavos penetren en el borde del marco y en las tablas del bastidor de montantes que rodea el marco. En las paredes de bloques o ladrillos, pueden necesitarse clavos para albañilería.

5 Continúe con la medición de las longitudes de los tramos verticales de la moldura. Esto puede hacerse con mucha precisión utilizando una tabla de moldura de longitud algo superior a la altura de la puerta, con la parte interna hacia fuera, y apoyada contra el extremo de la tabla de moldura de la parte superior previamente colocada. Haga una marca con un lápiz afilado sobre el encuentro de la tabla superior y la vertical, y utilice dicha marca como guía para cortar la moldura vertical a la longitud precisa, usando una sierra de ingletes.

6 Ahora puede clavar los tramos verticales en su lugar. Añada un clavo adicional en cada esquina de la moldura del marco, insertando el clavo, a través de una de las piezas de moldura, en la pieza adyacente. Esto ayuda a mantener juntas las uniones en inglete, reduciendo el riesgo de que se separen en fecha posterior.

7 Finalmente, utilice un martillo y un puntero para remeter las cabezas de los clavos debajo de la superficie de la moldura.

👍 Consejos profesionales

• Aunque en el ejemplo aquí mostrado se utiliza una sierra de ingletes para cortar la moldura, también puede lograrse un corte preciso a 45°, haciendo las mediciones y cortando con un serrucho en combinación con un bloque o caja para ingletes.

• Al preparar un marco de puerta terminado para su pintado o barnizado, utilice un material de relleno flexible para sellar la holgura a lo largo del borde externo de la moldura del marco y en las juntas en inglete, para permitir ligeros movimientos de marco, una vez que la puerta esté en uso.

accesorios de la puerta de entrada ⌃⌃

Además de los picaportes, las puertas de entrada a menudo requieren otros accesorios, que no aparecen en las puertas interiores. Aunque estos accesorios tienen un objetivo funcional, también añaden un aspecto decorativo a la puerta de entrada y al exterior de la casa en su conjunto. Cuando se trabaje sobre ellos, es preciso ser especialmente cuidadoso, ya que cualquier error puede resultar de un elevado coste.

Herramientas para el trabajo

Cinta métrica

Lápiz

Escuadra de combinación

Taladro/destornillador sin cable

Sierra de calar

Alicates

Martillo

Instalación de un buzón

La colocación de un buzón está determinada en gran medida por el diseño de la puerta de entrada. Su instalación puede realizarse con la puerta colgada en sus bisagras, pero puede resultar más fácil si se coloca la puerta plana sobre caballetes.

1 En la cara exterior de la puerta, trace una línea de guía de un tamaño ligeramente mayor que la placa del buzón, en el medio del travesaño central. Marque unas cruces a suficiente distancia de las esquinas de este rectángulo como para alojar el diámetro de la broca. El tamaño del taladro debe ser suficiente para permitir la entrada de la hoja de la sierra de calar.

2 Taladre la puerta en cada cruz, usando un taladro manual o una broca plana, asegurándose de que el agujero no sobresalga de la zona marcada. Cuando taladre perforando, coloque un bloque de madera, apretándolo con firmeza contra la cara por la que sobresaldrá la broca. Esto evitará el astillamiento de la superficie en ese lado.

3 Corte con una sierra de calar, a lo largo de la línea a lápiz, comenzando cada uno de los cortes desde uno de los agujeros taladrados. Retire el taco de madera resultante y alise los bordes irregulares, lijando con papel de lija fino. A continuación marque la posición de los pernos de sujeción.

4 Taladre agujeros para los pernos de sujeción, sosteniendo un bloque de madera contra la cara opuesta, para evitar el astillamiento. Algunos diseños de buzón de puerta requieren la realización de estos taladros con dos diámetros, con el más ancho en la parte exterior y justo un poco por debajo de la superficie de la puerta, con objeto de acomodar la placa del buzón. Para ello, necesitará dos tamaños de broca.

5 Una los pernos de sujeción a la placa del buzón y enrósquelos al otro lado de la puerta, a través de los agujeros.

6 Dé la vuelta a la puerta y enrosque las tuercas a los pernos de sujeción. Apriete con alicates, si se necesita.

Montaje de un llamador

El llamador se fija siguiendo los mismos principios de la instalación del buzón, usándose también pernos que atraviesan la puerta y se fijan con tuercas enroscadas por la otra cara de la puerta. Su situación está igualmente afectada por la estructura de la puerta, pero, en las puertas de paneles, el cruce del travesaño superior y el montante central constituyen el lugar apropiado para la colocación del llamador.

Marque la posición central para el llamador y su placa de golpeo, haciendo una cruz nítida con un lápiz para que sirva de guía para el taladrado.

Taladre a través de la puerta, colocando el recorte de madera por el otro lado, con el fin de evitar daños en la madera. Puede tener que retaladrar con una broca un poco mayor, con objeto de abrir la entrada del agujero para alojar el diseño del llamador y su placa de golpeo.

Enrosque los pernos de sujeción a los agujeros roscados del llamador y de la placa de golpeo, asegurándose de que los pernos se insertan derechos, reduciendo el riesgo de que se pasen de rosca.

Inserte tanto el llamador como la placa de golpeo en los agujeros apropiados. Dé la vuelta a la puerta y apriete los pernos de sujeción para fijar en su sitio el llamador. Al colocar el llamador, puede necesitarse un golpecito con el mango del martillo o un mazo de madera, ya que, con frecuencia, el llamador está diseñado con una puntita en la cara interna, que se clava a la superficie de la puerta, reforzando la seguridad de la fijación. Conviene también cubrir la cara del llamador con un paño al ejecutar todo el proceso, con objeto de evitar daños en el acabado de la superficie del llamador.

La combinación de herrajes de la puerta exterior, a la vez práctica y estética, añade un tremendo atractivo al aspecto general de la puerta principal de entrada.

cerraduras cilíndricas de seguridad ⟋⟋⟋

Las cerraduras embutidas cilíndricas se encuentran entre las más instaladas en puertas exteriores. Desde el punto de vista de la seguridad, son muy efectivas, pero resultan siempre mejores en combinación con otros dispositivos de seguridad (v. págs. 70-71). Los diseños varían, pero el principio básico de las cerraduras de caja cilíndricas es siempre el mismo. Esto es, un cilindro de cerradura montado a través de la puerta se combina con un dispositivo de pestillo para formar un mecanismo de cierre, accionado con llave desde el exterior y mediante palanca desde el interior.

(v. págs. 70-71)

Herramientas para el trabajo

Lápiz
Escuadra de combinación
Taladro/destornillador sin cable
Martillo
Sierra de metales pequeña
Formón

1 Por la cara interior de la puerta, trace con un lápiz una línea de guía, sobre el montante del lado de la cerradura. Continúe esta línea con una escuadra, alrededor del canto y por la cara frontal de la puerta. La altura exacta para instalar este tipo de cerradura no está normalizada, pero suele situarse en la mitad superior de la puerta. Una altura aceptable para su instalación es de 1,30 m desde el suelo.

2 Utilice la escuadra de combinación para medir la distancia entre el borde de la cerradura (más cercano al pestillo) y el agujero que alojará la barra plana de conexión. Bloquee la regla de la escuadra de combinación en ese punto. Transfiera, a continuación, la medida a la

puerta, abriéndola ligeramente y apoyando el borde de la escuadra contra el canto de la puerta, al tiempo que marca la posición sobre la línea horizontal de guía.

3 Use un taladro manual o una broca plana para realizar un agujero a través de la pared de la puerta, en el punto señalado. El tamaño de la broca viene indicado en las instrucciones de la cerradura y está relacionado con el tamaño del cilindro de la cerradura. Conviene taladrar desde las dos caras de la puerta, con objeto de evitar daños en las superficies de madera, al emerger la broca. También puede sujetar contra el lado opuesto, en la zona de salida de la broca, un taco de madera.

4 Por el exterior de la puerta, inserte el cilindro de la cerradura, pasando por si anilla de latón y del agujero realizado, de modo que la barra plana de conexión sobresalga por el otro lado de la puerta.

5 Fije al cilindro la placa de montaje por el interior de la puerta, asegurándose de que está nivelada, y que el borde de la placa queda alineado perfectamente con el borde de la puerta. Puede ser necesaria la realización de agujeros de guía para las uniones con tornillos, especialmente en el caso de que se utilicen maderas duras, tal como se muestra aquí. Extreme el cuidado para tener una total precisión al realizar los taladros de guía y para introducir la broca en la superficie de la puerta totalmente a nivel.

6 Dependiendo del espesor de la puerta, la barra plana de conexión puede resultar excesivamente larga para permitir el montaje de la cerradura. Por tanto, puede tener que recortarse la barra para que pueda realizarse la instalación de la cerradura. Para esto, la herramienta idónea es una sierra pequeña de metales. Verifique con atención la medición para el corte, ya que no podrá rectificar errores.

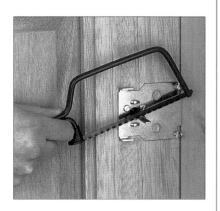

7 Empuje la caja de la cerradura sobre la placa de montaje, desplazándola longitudinalmente hasta que quede sujeta en su lugar. Este procedimiento de montaje preciso puede variar entre distintos diseños, y si bien el ajuste es muy apretado, el procedimiento para deslizar la caja hasta su posición es sencillo. Una vez colocada en su posición, inserte los dos tornillos de retención para asegurar la caja de la cerradura en la puerta.

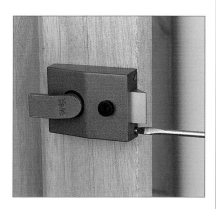

8 Después, cierre la puerta y trace en el marco de la puerta sendas líneas rectas de guía por encima y por debajo de la caja de la cerradura. Un nivel pequeño puede usarse para esto, pero el espacio disponible suele ser limitado,

y puede resultarle más fácil la utilización en este proceso de marcado del borde recto del soporte de hembra del cerrojo.

9 Abra la puerta y sostenga en el lugar correspondiente el soporte hembra del cerrojo, siguiendo las líneas de guía que acaba de hacer. Prolongue la línea, alrededor del borde, sobre la cara interior del marco de la puerta.

10 Mida la parte de empotrar del soporte hembra, y pase las medidas al marco de la puerta. Esto indicará cuánta madera hay que eliminar para acomodar la hembra del cerrojo. Utilice un formón para cortar esa zona, teniendo cuidado para no dañar la madera de alrededor.

11 Por último, coloque el soporte de hembra del cerrojo en el empotramiento y atorníllelo sobre el marco. Pruebe la puerta para comprobar que la cerradura de caja abre y cierra correctamente, realizando pequeños ajustes, según se necesite.

69

INSTRUCCIONES PARA CERRADURAS EMBUTIDAS

• *Normas.* Monte sólo cerraduras suministradas empaquetadas y que muestren las etiquetas o certificados de aprobación. Verifique también que la cerradura viene con su garantía.

• *Uso doble.* Aunque las cerraduras embutidas son elementos comunes en las puertas principales, son idóneas para cualquier otra puerta exterior.

• *Elección decorativa.* Un elemento de seguridad como es la cerradura embutida no será un elemento atractivo, pero debe considerar que las cerraduras, como la mayor parte de los accesorios, se suministran en diferentes acabados.

• *Comprobación del montante.* Compruebe las dimensiones del montante de la puerta, para estar seguros de que la caja de la cerradura podrá ajustarse al mismo. En caso contrario, deberá montar una cerradura más delgada que la aquí mostrada.

• *Cerrojo.* La cerradura embutida aquí mostrada dispone de un cerrojo, que impide que la puerta pueda abrirse al echar la llave. Esto es especialmente importante en puertas con cristales, para evitar que un ladrón pueda abrir la puerta desde dentro, rompiendo un cristal y alcanzando la cerradura. Por razones obvias, no deben usarse cerrojos accionados con llave cuando queda gente en el interior de la casa.

elementos extra de seguridad ↗

Los accesorios de seguridad para puertas, y para puertas principales, son más amplios que la cerradura embutida, y hay otros varios sistemas que pueden usarse para añadir seguridad a la proporcionada por el mecanismo de cerradura embutida. No se necesita utilizar todos los dispositivos mostrados aquí en una única puerta, pero la combinación de varios de estos elementos hará que se sienta más seguro en su propia casa.

Herramientas para el trabajo

Lápiz

Cinta métrica

Taladro/destornillador sin cable

Escoplo

Lezna

Destornillador

Nivel de burbuja

Cerrojos empotrados de puertas

Los cerrojos empotrados para puertas son de fácil montaje y proporcionan un excelente mecanismo de seguridad en puertas exteriores. Se accionan mediante unas llaves de forma especial, que hacen que el cerrojo se coloque entre la puerta y el marco al girar la llave a la posición de cierre. Este tipo de cerrojos pueden montarse en puertas colgantes o sobre una de sus bisagras, como se muestra en este ejemplo.

1 Sosteniendo el tubo del cerrojo de puerta, trace una línea de guía alrededor de la placa frontal sobre el canto de la puerta. Verifique que la línea rectangular queda dibujada en una posición centrada en el marco.

2 Utilizando una broca plana o taladro manual (el tamaño estará indicado en el paquete del cerrojo), taladre perpendicularmente al canto de la puerta. Asegúrese de que la broce se mantiene vertical. En caso contrario, el funcionamiento del cerrojo quedará entorpecido. Taladre hasta una profundidad igual a la longitud del cerrojo.

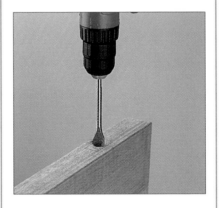

3 Elimine material con el formón en la zona indicada por la marca rectangular, hasta un espesor igual al de la placa frontal del mecanismo. Haga cortes con el formón según la dimensión menor del rectángulo (perpendicular a la veta), antes de proceder a cortar longitudinalmente (a veta). Esto evitará el astillamiento de la madera.

4 Sujete el cerrojo en la cara de la puerta, en línea con el agujero para su empotramiento recién taladrado. Use una lezna para marcar en la superficie de la puerta el lugar de inserción de la llave en el cerrojo. Taladre la puerta en ese punto, de modo que la broca sólo penetre hasta el agujero realizado en el canto de la puerta para la instalación del cerrojo, Asegúrese de no perforar la otra cara de la puerta.

5 Ajuste el cerrojo en su sitio, en el canto de la puerta, fijándolo con los tornillos correspondientes. Puede necesitarse la ejecución de agujeros de guía para los tornillos, antes de su introducción.

6 Por último, coloque el escudete de la llave en la cara de la puerta, de modo que su ojo quede alineado con el agujero realizado previamente. Ahora puede instalar otro cerrojo en el nivel inferior de la puerta, antes de colgarla de nuevo en su marco. Ambos cerrojos necesitarán agujeros y sus placas de cierre en el marco de la puerta. La técnica para su instalación es similar a la descrita para colocar la placa de cierre del mecanismo de pestillo, eliminándose

con el formón la madera necesaria para alojar la placa de cierre y para que pueda cerrar el cerrojo.

Cerrojos simples

Los cerrojos simples de puertas constituyen una opción adicional al cerrojo de puerta empotrado. Los cerrojos simples se montan en la superficie y son de instalación aún más sencilla. Como en el caso anterior, conviene montar cerrojos en las partes superior e inferior de la puerta.

1 Sujete el cerrojo en su sitio sobre la superficie de la puerta, usando un nivel pequeño para cerciorarse de que queda totalmente horizontal. Use una lezna para marcar la posición de los tornillos en la cara de la puerta.

2 Haga taladros de guía, y a continuación una el cerrojo con los tornillos. El mismo procedimiento puede usarse para marcar la placa de cierre del cerrojo en el marco de la puerta. Tenga mucho cuidado al atornillar con accesorios de latón, ya que un simple

deslizamiento del destornillador puede arañar el latón y estropear el aspecto del acabado del trabajo realizado.

Mirillas

La seguridad de las puertas no estriba sólo en las cerraduras o en las barreras mecánicas de cualquier naturaleza, tal como demuestran las mirillas. Estos elementos de seguridad permiten la identificación de quien llama, antes de abrir la puerta.

1 Las mirillas se suministran con sus dos partes atornilladas una a otra. Desenrosque ambos componentes y escoja una broca de un diámetro ligeramente superior al de la rosca de la mirilla.

2 Taladre un agujero en el montante central de la puerta, a la altura del ojo. Inserte en la cara exterior de la puerta la parte adecuada de la mirilla.

3 Dé la vuelta a la puerta e inserte la otra parte de la mirilla, enroscándola en la otra parte, de modo que quede

en su sitio. Para apretarlas, puede necesitarse el borde plano de un destornillador. Aunque en este caso se ha instalado la mirilla con la puerta quitada de sus bisagras, este dispositivo de seguridad puede montarse con la puerta colgada normalmente.

Cadenas de puerta

Este útil accesorio permite que la puerta abra ligeramente, de modo que pueda comprobarse la identidad del visitante, antes de la apertura completa de la puerta. Los limitadores de puerta son otra variante de este sistema.

1 La mejor colocación para la cadena es a una altura apropiada, hacia la parte media de la puerta. El mejor sitio es justo debajo de la cerradura embutida. Use una lezna para marcar la posición de los agujeros, y después atornille la placa principal de la cadena a la puerta.

2 Una la cadena y la placa de retención al marco de la puerta, colocándola de modo que la cadena pueda deslizar convenientemente en la placa principal de la cadena.

cambio del aspecto de una puerta

De cuando en cuando, puede ser deseable hacer un cambio en la apariencia de las puertas de su casa, sin meterse en el esfuerzo, y el gasto, de su sustitución. Los cambios decorativos se describen con mayor detalle en las páginas 98-111, pero se puede hacer una renovación de puertas, o cambiar su apariencia para lograr algo más atractivo, de otras maneras diferentes al simple pintado. Estas páginas explican cómo hacer e instalar paneles decorativos en puertas lisas, añadiendo una textura simple, pero atractiva, a la superficie de la puerta.

Renovación de una puerta lisa

Las puertas lisas pueden considerarse un ejemplo de diseño de puerta sin características especiales. En ciertos casos, puede que se logre el aspecto minimalista deseado. Siempre hay la posibilidad de añadir paneles a una puerta lisa existente, dándole más carácter, a mitad del coste de una sustitución completa con puertas de paneles auténticos. El ahorro puede incluso producirse, añadiendo paneles a una puerta lisa nueva, relativamente barata.

Consideraciones sobre los paneles

Antes de comenzar, debe considerar, en primer lugar, cuántos paneles se necesitarán en la superficie de la puerta. Las alternativas suelen ser cuatro paneles de tamaño similar, o seis paneles, con los dos paneles superiores de la mitad de tamaño que los cuatro inferiores. Tenga en cuenta que cuanto mayor sea el número de paneles, mayor será el número de molduras y el número de cortes que se necesitarán. Esto es especialmente importante si se están panelando puertas por toda la casa y por ambas caras, ya que el gasto puede aumentar con rapidez.
La elección de la moldura también varía en precios y en estilos. Las variedades de mayor adorno pueden resultar caras, y las más baratas y sencillas pueden ser las que se necesitan para obtener una puerta de paneles aparente. Como las molduras suelen venir pintadas, la calidad de la madera no es muy importante, siempre que no se astillen las molduras.

Herramientas para el trabajo

Brocha

Escuadra de combinación

Lápiz

Cinta métrica

Nivel de burbuja

Sierra de ingletes

Tijeras o cuchilla

1 En una puerta nueva, siempre conviene dar una mano de imprimación previamente a la colocación de las molduras. La imprimación mejora la adherencia entre la puerta y las

molduras, cuando se pone la cinta adhesiva por las dos caras y se colocan las molduras.

2 Además de la puerta propiamente dicha, conviene imprimar también los listones de moldura, antes del corte para su instalación. Esto ahorrará posteriormente tiempo y mejorará la adherencia, por las mismas razones que las explicadas en el paso 1.

3 Una vez que haya secado la imprimación, mida con precisión las dimensiones de la puerta y comience a marcar los puntos que corresponderán a las esquinas exteriores de los paneles. La escuadra de combinación constituirá una buena ayuda en este proceso, y contribuirá a hacer unas mediciones precisas.

Consejos profesionales

Si los moldes tienen que escogerse en un color distinto al de la superficie de la puerta, es mejor aplicar a la moldura una primera capa y una capa de acabado antes de cortarlas a su tamaño, y pintar la superficie de la puerta con una primera capa y capa de acabado. Tras hacer esto, pueden unirse las molduras, con lo que el único requisito de pintado será el de unos retoques en las capas previamente aplicadas. Con ello se evitará el delicado proceso de pintado de juntas de dos colores diferentes, acortando considerablemente el tiempo necesario para completar esta tarea.

4 Use un nivel a modo de regla, para trazar las líneas. Poniendo el nivel horizontal o vertical, según se requiera, trazará las líneas con mucha más rapidez, facilitando el proceso. Una vez que se han marcado todos los paneles sobre la superficie de la puerta, mida cada uno por separado, y utilice una sierra de ingletes para cortar a su tamaño los listones de moldura. La precisión en esta etapa evitará tener que rellenar las juntas en inglete, una vez que los paneles estén en su sitio.

CONSEJOS SOBRE PANELADO

• *Relleno.* Siempre que las mediciones sean precisas, sólo habrá necesidades mínimas de rellenar en las molduras, antes del pintado. Use relleno flexible o masilla para rellenar cualquier pequeña holgura en las juntas en inglete, o entre las molduras y la superficie de la puerta.

• *Alternativa de clavado.* En lugar de utilizar cinta adhesiva por las dos caras, las molduras pueden sujetarse utilizando puntas para marcos. Sin embargo, las cabezas de las puntas requerirán un relleno y lijado, tras haber sido clavados en su sitio. Aplique una pequeña cantidad de cola de madera en la cara posterior de la moldura, antes de su colocación, para asegurar que se obtiene una buena unión.

• *Paneles preparados.* Algunos suministradores fabrican paneles ya completos, que pueden unirse directamente a la superficie de la puerta, eliminando la necesidad de los cortes en inglete. Sin embargo, aunque estos *kits* pueden ser muy útiles, resultan caros.

5 Ponga cinta adhesiva por las dos caras en la cara posterior de la moldura, Compruebe que la cinta recorre toda la longitud, está centrada y no tiene arrugas o bultos en la superficie de la cinta. Una vez colocada, retire la protección posterior de la cinta, de manera que pueda pegarse a la superficie de la pared. La cinta adhesiva por las dos caras puede cortarse con tijeras o cúter.

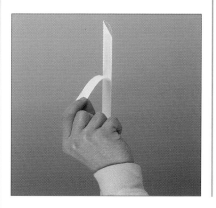

6 Una las molduras, con el borde exterior siguiendo las líneas de guía. Las propiedades de adherencia de la cinta permitirán unos ciertos ajustes en la posición de la moldura, aunque el pegamento de la cinta secará pronto, haciendo una unión sólida entre la moldura y la superficie de la puerta. Siga colocando listones de la moldura, hasta que complete todos los paneles.

La combinación de colores puede resaltar el aspecto de una puerta de paneles y atraer más atención sobre su textura y diseño.

cerradores de puertas ⌐⌐⌐

Los mecanismos de cierre automático son equipos de gran importancia, usados principalmente en el campo de las puertas, en el que los cerradores automáticos actúan para cerrar la puerta y mantener la deseada barrera de resistencia al fuego en todo momento. Estos cerradores pueden ser vistos u ocultos a la vista.

Herramientas para el trabajo

Lezna

Taladro/destornillador sin cable

Formones

Cinta métrica

Escuadra de combinación

Alicates

Instalación de un cerrador hidráulico de puertas

Éstos son los más comunes y están, en general, instalados en la parte superior de la puerta y su marco. El mecanismo hidráulico está encerrado en una carcasa, que está unida a la parte superior de la puerta y conectada con el marco por medio de una barra pivotante. Además de tirar para que cierre la puerta, el mecanismo también controla la velocidad de cierre de la puerta. Los diseños pueden variar ligeramente. Pero la mayor parte funcionan en forma similar a la mostrada aquí.

1 La mayoría de los cerradores de puertas vienen con una plantilla de papel para ayudar a situar la carcasa del mecanismo. Una la plantilla a la puerta, sujetándola en su sitio con cinta de carrocero. Verifique que está en la posición correcta para la forma de apertura y que sus bordes están perfectamente alineados con los de la puerta. Use una lezna para marcar la posición de los tornillos de fijación de la carcasa y haga unas incisiones a través de la plantilla, en la superficie de la puerta. Al mismo tiempo, haga unas

marcas en la moldura del marco, en la posición del soporte de retención del brazo del cerrador.

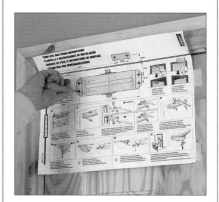

2 Haga agujeros guía y sujete con tornillos la carcasa sobre la superficie de la puerta. Asegúrese de que la carcasa del cerrador está en la posición correcta y situada con precisión usando las líneas de referencia de los agujeros de la plantilla.

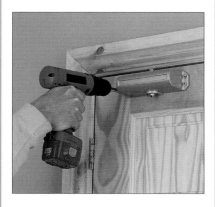

3 Dependiendo del diseño, puede tenerse que cortar una pequeña sección de madera de la moldura del marco, para que el soporte del brazo del cerrador pueda montarse, a ras, en su sitio. Trace una línea de guía para el soporte y haga agujeros de guía, para

que cuando se rebaje con el formón, pueda aún verse la situación de los agujeros de inserción de los tornillos.

4 Una la primera pieza del brazo del cerrador al soporte y atornille éste en su sitio sobre la moldura del marco. De nuevo, verifique que el soporte y el brazo están con la parte superior hacia arriba, ya que diferencias sutiles pueden impedir determinarlo fácilmente.

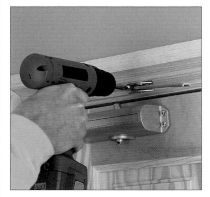

5 Una la otra pieza del brazo a la carcasa del cerrador de puerta y únala a la primera pieza del brazo con el perno y la tuerca suministrados. Pueden necesitarse pequeños ajustes para completar la colocación exacta.

6 Abra la puerta y deje que cierre. Se necesitará un ajuste de la tensión para adaptarse a sus exigencias. La mayor parte de estos cerradores puede ajustarse utilizando un destornillador plano, insertado en un punto especial del lateral de la carcasa.

Cerradores de puertas ocultos a la vista

Este tipo de cerrador tiene los mecanismos ocultos, mientras la puerta está cerrada, resultando una variedad más estética que la expuesta en la página anterior. Sin embargo, dependiendo del peso y dimensiones de la puerta, puede necesitarse más de un cerrador oculto para asegurar la función de cierre automático.

1 Abra la puerta y haga una marca en cruz en el centro del borde de la puerta, centrado con el travesaño del medio.

2 Taladre en ángulo recto, de forma horizontal, en el punto señalado por la cruz. Use una broca del tamaño del tubo del cerrador de puerta. El

tamaño requerido de broca suele venir indicado en la caja del cerrador. Una broca plana o un taladro manual pueden servir para esta tarea. Taladre sólo hasta una profundidad igual a la longitud del cerrador.

3 Inserte el cerrador en el agujero y utilice un lápiz para marcar el perímetro de su placa frontal. Verifique que la placa frontal está totalmente vertical durante el marcado.

4 Elimine madera con el formón, haciendo un rebaje para alojar el espesor de la placa frontal. Si trabaja cerca del borde de la puerta, como en este caso, deberá tener un cuidado exquisito para no astillar la madera.

5 Use la placa frontal del cerrador de puerta para realizar una nueva línea de guía en la superficie del marco de la puerta. Rebaje una superficie con el formón, para alojar el espesor de la placa de anclaje del cerrador.

6 Separe con unos alicates la placa de anclaje de la placa frontal del cerrador, e inserte la barra de retención en la cadena, para impedir que cierre. A continuación, inserte el cerrador en el agujero de la puerta.

7 Por último, Atornille en su sitio la placa de anclaje. Quite con precaución la barra de retención de la cadena, permitiendo que la puerta cierre automáticamente. La tensión puede ajustarse, según se necesite.

aislamiento de puertas ⚒

La mayor parte de las puertas sufren problemas de corrientes de aire, especialmente si se tiene en cuenta que el mecanismo de apertura y cierre no funciona correctamente sin cierta holgura en los bordes de la puerta. Las puertas de PVC y con doble acristalamiento ofrecen el mejor aislamiento, pero, en el caso de puertas de madera, puede necesitarse adoptar medidas para mejorar el aislamiento térmico y reducir las corrientes no deseadas. Estas técnicas de aislamiento pueden aplicarse tanto a puertas exteriores como interiores, aunque los materiales empleados suelen diferir.

Burletes de tiras de exteriores

Una opción de gran efectividad utilizada en muchas puertas exteriores es la de unir al marco burletes. Cuando la puerta está cerrada, un pequeño solape del burlete con el marco y la puerta cierra con eficacia la holgura existente, por la que podría penetrar la corriente de aire, Los diseños varían, pero la mayoría de los burletes exteriores se montan siguiendo la técnica aquí explicada.

Herramientas para el trabajo

Cinta métrica

Cuchilla

Martillo

Puntero

1 Corte las cintas del burlete al tamaño adecuado, de modo que disponga una tira para cada jamba y otra para el cabecero del marco. Las juntas en inglete proporcionan una buena juntura entre tiras. Colóquelas, comprobando que el borde más flexible de cada trozo toca y sigue el perfil de la superficie de la puerta.

2 Sujete las tiras en su sitio con puntas, asegurando el contacto entre el burlete y la superficie de la puerta cuando ésta está cerrada. Como las puntas o clavos son muy pequeños, puede resultar más fácil clavarlos con un puntero. Esto, además, reduce el riesgo de dañar la cinta con el martillo.

Burlete de cinta de aislamiento

Una alternativa a los burletes exteriores es la de la cinta de aislamiento, que se coloca en la parte interna del marco o en el galce de tope. La ventaja de esta solución es que la cinta no se ve cuando la puerta está cerrada y que

es de colocación muy sencilla. Lea siempre las instrucciones del fabricante para determinar la colocación recomendada, ya que el diseño de las cintas puede variar y su colocación en el marco o la puerta puede diferir ligeramente.

La mayoría de las cintas de aislamiento son autoadhesivas, y se fijan en su sitio pelando la tira de protección posterior y presionando la tira en su posición. El adhesivo utilizado en estas cintas es de acción rápida, por lo que debe tener cuidado de colocar la tira correctamente a la primera, ya que su ajuste posterior no siempre es posible.

Junturas del marco y la pared

Otra zona de penetración de corrientes puede hallarse entre el marco de la puerta y la fábrica de albañilería circundante. Es de particular importancia el cierre de estos huecos, ya que son zonas de penetración de humedades, lo que puede llevar a otros problemas adicionales.

Herramientas para el trabajo

Pistola de sellador

Cinta de carrocero

1 Para obtener un acabado limpio, utilice cinta de carrocero. Ponga tiras de cinta diferentes a lo largo del marco y de la pared, en todo el perímetro de la juntura. Aunque la superficie de la pared de albañilería resulte algo rugosa y ondulada, trate

de alisar la cinta en las depresiones y huecos, manteniendo siempre la verticalidad exacta de su borde.

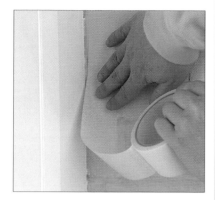

2 Cargue la pistola de sellador con un tubo de sellador de silicona. Corte la boquilla de modo que su diámetro sea un poco mayor que la distancia entre las dos cintas de carrocero. Presione el gatillo y dispense un cordón uniforme de sellador a lo largo de la juntura.

3 Alise el sellador con un dedo mojado y retire la cinta de carrocero. La cinta debe retirarse inmediatamente después de la aplicación, antes de que seque el sellador.

Una medida frecuente para evitar corrientes y mejorar el aislamiento es la de usar tiras de burletes de umbral en puertas interiores.

Herramientas para el trabajo

Cinta métrica

Sierra de metales pequeña

Lezna

Destornillador

1 Las tiras se venden en longitudes mayores que la estándar de las puertas, por lo que hay que cortarlas a su tamaño antes de instalarlas con tornillos en su sitio. Mida la anchura de la base de la puerta y corte la sección metálica de la tira obturadora, utilizando una sierra pequeña para metales.

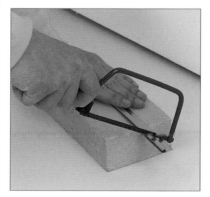

2 Inserte en la tira la escobilla suministrada y colóquela en la base de la puerta. Haga agujeros de guía para las fijaciones con ayuda de una lezna. Asegúrese de que la tira se coloca de modo que, cuando la puerta

esté cerrada, los cepillos tocan el suelo, cortando así cualquier penetración de corrientes de aire por debajo de la puerta.

3 Atornille en su sitio la tira, verificando de nuevo que la escobilla hace un buen contacto con el suelo. Si se necesita, haga ajustes antes de atornillar la tira.

AISLAMIENTO AL RUIDO

Además de aislar para reducir las corrientes de aire, puede aislarse para obtener una reducción de los ruidos. Todas las medidas explicadas antes ciertamente ayudarán a aislar los ruidos, pero hay otros métodos adicionales que pueden usarse.

• *Calidad de las puertas.* Si el aislamiento frente a los ruidos es una prioridad, hay que tener en cuenta la calidad de las puertas. Como regla general, las puertas de mayor precio suelen ser más sólidas, y, con ello, sus propiedades de aislamiento del sonido serán superiores. Por tanto, la sustitución de las puertas es siempre una posibilidad.

• *Aumento del espesor.* Como una medida menos drástica, en algunas ocasiones puede aumentarse el espesor de la puerta para mejorar el aislamiento de los ruidos. La simple instalación de tableros de contrachapado sobre la superficie de la puerta ayudará a reducir la transferencia de sonido entre habitaciones.

• *Tiras de aislamiento de ruidos.* Se pueden comprar tiras patentadas de aislamiento contra el ruido, y montadas en un modo similar al explicado para los burletes de umbral de puertas interiores.

instalación
de ventanas

La instalación de ventanas conlleva
consideraciones internas y externas, por
lo que hay muchos aspectos a tener en
cuenta cuando se trabaja en su instalación.
En muchos casos, los proyectos pueden
implicar la sustitución de más de una
ventana, y por tanto, planificar el trabajo
y ajustarse a un calendario de ejecución de
tareas se convierte en un factor decisivo.
Recuerde que las consideraciones de orden
estético son tan importantes cuando se
trata del exterior como lo son en el interior
de la casa, y además está el factor
adicional de asegurar que las mejores
características de seguridad se están
incluyendo. También hay que considerar
que la ventana sea capaz de soportar todos
los ataques y agresiones debidos a los
elementos atmosféricos, mediante medidas
de resistencia a la intemperie, como son un
buen aislamiento o estar hechas para que
no se produzcan corrientes de aire. Este
capítulo trata todos estos puntos y explica
las mejores técnicas de instalación, tanto
de ventanas completas como de los
accesorios que se usan para completar
sus funciones.

*La instalación de esta ventana se ha hecho con
junquillos de madera para conseguir un acabado
limpio entre la estructura de la hoja y los cristales.*

opciones para elegir

Cuando se sustituyen ventanas viejas por nuevas, el número de modelos entre los que elegir se puede ver reducido debido a especificaciones de tamaño. Pero hay todavía un conjunto de opciones, relacionado principalmente con el tipo de sistema de apertura que se emplea en cada ventana y con el tipo de acabado de las superficies interior y exterior. Los ejemplos que se muestran aquí dan una idea general de las opciones de ventanas, y se debería recordar que hay grandes variaciones de estilo entre los diferentes fabricantes. También hay que tener en cuenta los temas de permisos urbanísticos.

Ventanas de madera

La calidad de una ventana de madera viene determinada sobre todo por el hecho de que la madera empleada en su construcción sea madera blanda o dura. Cada una de las dos opciones tiene sus ventajas e inconvenientes. Las ventanas de madera blanda son más baratas y por tanto más económicas de usar, especialmente si hay que reemplazar un gran número de ellas. Sin embargo, no son tan resistentes y duraderas como las de madera dura, que siendo mucho más caras, durarán mucho más que el equivalente en madera blanda. El precio también viene determinado por la complejidad del diseño, de manera que las ventanas con muchos paños de cristal son más caras que las ventanas de tamaño equivalente que tengan paños de cristal de mayor tamaño, porque en el primer caso se requiere mayor cantidad de madera y de trabajo para su construcción.

Ventanas de bisagras de cristales grandes

Estas ventanas son de precio muy competitivo y una elección muy común tratándose de ventanas de madera. Los paños de cristal grandes dejan entrar el máximo de luz en la habitación.

Ventanas de bisagras de cristales pequeños

Esta clase aporta más carácter que su equivalente con cristal grande. Aunque el procedimiento de instalación del conjunto es similar, la colocación de los cristales llevará mucho más tiempo en este caso.

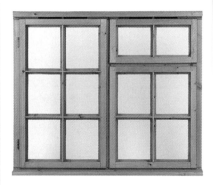

Ventanas de guillotina de cristales grandes

Estas ventanas tienen propiedades similares a las de bisagra de cristales grandes, pero con un sistema de apertura diferente. Muchas ventanas de guillotina modernas funcionan por un sistema de contrapeso de resorte a diferencia de las antiguas, que utilizan un mecanismo de cuerdas y poleas.

Ventanas de guillotina de cristales pequeños

Estas ventanas son de diseño más complicado, y las variaciones del tamaño de cristales pueden tener un interés adicional desde el punto de vista del estilo.

Ventanas panorámicas

Las grandes ventanas con un solo cristal, como la que se muestra en la figura, son de diseño sencillo y dejan pasar el máximo de luz en la habitación. Pueden tener las bisagras en la parte de arriba o en la de abajo, y algunas pueden tenerlas en el centro de los laterales verticales, de manera que el mecanismo de apertura es de acción pivotante. Este sistema se puede llamar también de balanceo.

Ventanas en forma de arco

Las ventanas de diseños poco usuales, como las que tienen forma de arco, suelen suministrarse en algunos tamaños estándar, pero en el caso de estilos poco frecuentes será necesario que las hagan a medida, lo que será una opción bastante cara. Sin embargo, las formas y diseños como el de la fotografía proporcionan una atractiva característica arquitectónica.

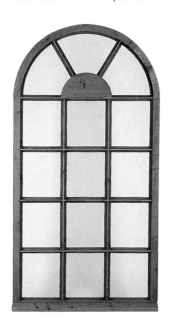

Esta ventana de PVC tiene un sencillo diseño de ventana de bisagras con la hoja superior abatible, mientras que la hoja inferior es fija. Las formas y mecanismos de apertura varían mucho y se escogen de acuerdo con las preferencias personales. Dado que el PVC es una elección tan frecuente en el mercado actual, hay un gran número de suministradores, y por tanto el precio y la calidad pueden variar enormemente. Es recomendable analizar todas las opciones disponibles para determinar la mejor fórmula y lograr el correcto equilibrio entre precio y calidad.

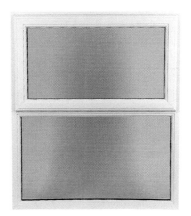

Ventanas de tejado

Estas ventanas son un ejemplo adicional de combinación de materiales, con la parte que se abre de la ventana de tejado en madera, que se combina a menudo al hacer la instalación sobre un marco de metal. Las ventanas de este tipo se usan para tejados inclinados, y son una solución habitual para la rehabilitación de buhardillas. Normalmente el fabricante suministra, junto con el producto, instrucciones detalladas para la instalación de este tipo de ventanas.

opciones para elegir

81

Ventanas de PVC

Las ventanas de PVC son populares en el mercado actual debido sobre todo a sus características de resistencia a la intemperie y a sus propiedades de aislamiento. Los diseños varían mucho según los fabricantes, y muchos de los diseños de ventanas de madera que se muestran en la página anterior están también disponibles en PVC. La calidad también está relacionada con las características de seguridad de la ventana, y, en este caso, los herrajes y cerraduras se integran en el diseño antes de instalarse, mientras que en las ventanas de madera estos mecanismos se colocan después de haber instalado la ventana. El precio también varía en función del número de elementos de la ventana que se pueden abrir, la complejidad del diseño y el cristal que se utilice. Las opciones son, por tanto, muchas y variadas.

Ventanas de metal

Las ventanas de metal en el sentido tradicional son mucho menos frecuentes que en tiempos pasados, y es muy raro que se utilicen en una construcción nueva. En algunos edificios se usan todavía ventanas de aluminio con doble acristalamiento, pero la moda va más hacia las de PVC que son más baratas de hacer y de instalar.

Materiales combinados

Algunos fabricantes hacen ventanas que combinan varios materiales para crear diseños y estilos específicos. Por ejemplo, a veces se combinan ventanas de bisagras en aluminio con un marco de madera, o dobles acristalamientos con marcos de madera.

Mecanismos de bisagra

Al igual que con otros elementos de construcción, en el terreno de las ventanas se están introduciendo continuamente cambios e innovaciones para intentar mejorar o actualizar ideas y mecanismos ya existentes. Las bisagras son un buen ejemplo a este respecto. En muchas construcciones nuevas, ya no se usan los sistemas tradicionales de bisagras, debido a un cambio de las tendencias hacia las bisagras salientes o de fricción. Las de este tipo suelen ser las bisagras estándar utilizadas en ventanas de PVC, pero en la actualidad se están incorporando a muchas ventanas modernas de madera. En la mayoría de los casos las nuevas bisagras eliminan la necesidad de varillas y clavijas para mantenerlas en posición abierta y por tanto sólo se necesitan los mecanismos de cierre para la hoja.

herrajes y accesorios de seguridad

La mayoría de las ventanas de madera se suministran con los herrajes puestos, pero éstos son baratos y de diseño sencillo, y siempre existe la posibilidad de cambiarlos por algo más decorativo. Además, hará falta añadir accesorios de seguridad a la mayoría de ventanas de madera, para garantizar que sean fáciles de cerrar y a prueba de intrusos. Las ventanas de PVC y metal se suelen suministrar con los herrajes integrados en la estructura, y por ello, las opciones hay que escogerlas al tiempo que se elige la ventana.

Accesorios de seguridad

Los accesorios de seguridad son imprescindibles tanto en las ventanas de bisagras como en las de guillotina, y el mercado de estos productos ofrece infinitas opciones para poder ajustarse a cualquier diseño y a los gustos personales más exigentes. Algunos de estos accesorios se combinan con mecanismos de cierre y apertura a juego, como es el caso de los cierres de falleba para ventana de bisagras o de los cierres del mismo tipo para ventana de guillotina. Otros accesorios se suministran de forma separada y se añaden como mecanismos suplementarios.

Cerradura de pestillo para ventana de guillotina

Cerrojo empotrado para ventana de guillotina

Sistema de cierre con varilla y clavija para ventana de bisagras

Cerrojo para ventana de guillotina

Cerradura para ventanas de bisagra (cierre automático)

Cierre de falleba para ventana de bisagras (empotrado)

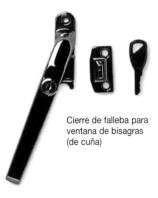

Cierre de falleba para ventana de bisagras (de cuña)

PÓLIZAS DE SEGUROS

Conviene recordar que muchas compañías de seguros especifican el tipo de cerradura que se debe utilizar en puertas y ventanas. Por tanto, deberá comprobar si su póliza de seguros contiene alguna especificación de este tipo y seguir adelante e instalar algún accesorio o sistema de seguridad.

Bloqueo para ventana de guillotina

Cerrojo para ventana de bisagras

Consejos profesionales

Asegúrese de que todos los que viven en la casa saben dónde se guardan las llaves de las ventanas. Lo ideal sería que hubiese una en cada habitación para el caso de que surja alguna emergencia y se necesite un acceso inmediato al exterior o al interior.

Tope para ventana de guillotina

Cerrojo empotrado para ventana de guillotina

Accesorios para ventanas de bisagras

Los principales accesorios para este tipo de ventanas son los sistemas de cierre y las varillas de apertura, que corresponden a los mecanismos más probados, tanto para abrirlas y cerrarlas, como para mantenerlas abiertas e inmóviles a una determinada distancia. Otro accesorio que se instala últimamente en las ventanas nuevas es la ranura de ventilación, que sirve para incrementar la renovación de aire de la habitación. Un punto importante a la hora de escoger herrajes para ventanas es, también, asegurarse de que los accesorios que se eligen son compatibles en tamaño con las dimensiones del larguero de la ventana sobre el que se instalarán.

Cierre de falleba de perno

Cierre de falleba en hierro forjado

Varilla de apertura telescópica

Cierre de falleba victoriano

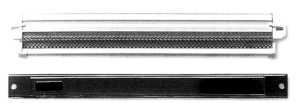

Ranuras de ventilación

Varilla de apertura regulable por tornillo

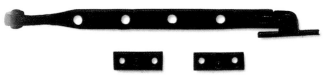

Varilla y clavijas de apertura en hierro forjado

Varilla y clavijas de apertura en latón

83

Accesorios para ventanas de guillotina

Los accesorios para estas ventanas funcionan de forma distinta a los de otros tipos de ventanas, ya que la forma de abrirse y cerrarse de las ventanas de guillotina es completamente diferente. Dado que la distancia de apertura de este tipo de ventanas, en las que se puede dejar fija la hoja, viene determinada por el mecanismo de cuerdas y pesas, la principal función de los accesorios para ventana de guillotina será garantizar un buen bloqueo contra intrusos cuando la ventana está cerrada y también proporcionar una zona de agarre para abrirla y cerrarla. Existen de todas formas numerosas opciones disponibles.

Herraje para levantar la hoja

Fijación para ventana de guillotina

Polea con rueda de nilón

Manilla para levantar la hoja

Herraje de anilla para levantar la hoja

CLARABOYAS

Las claraboyas necesitan también un sistema de cierre mediante cerrojo parecido al de las ventanas de guillotina, y éste no guarda relación con el grado de apertura de la ventana. Estos cerrojos normalmente se pueden agrupar dentro de dos posibles categorías:

Tope para ventana de guillotina

Cierre sin muelle para ventana de guillotina

Cierre de bola para ventana de guillotina

Cierre para ventana de guillotina, brazo del sector

Cerrojo de cajetín empotrado para claraboya

Cerrojo de caja para claraboya

instalar una ventana – 1

Instalar una ventana, o sustituir una vieja por otra, es un proceso en dos partes, consistente en quitar la vieja, seguido de la instalación de la nueva; en la mayoría de los casos es quitar la vieja lo que supone la mayor parte del trabajo penoso del proyecto. Antes de quitarla conviene comprobar que el tamaño de la que se va a instalar es el correcto: si resulta que la nueva no encaja en el hueco, habrá que cerrar el hueco con tablas.

Cómo quitar la ventana vieja

Antes de comenzar a trabajar es mejor comprobar si el pronóstico del tiempo es favorable, ya que abrir la casa a los elementos es una inevitable consecuencia de la sustitución de ventanas. En nuestro ejemplo, se quita una vieja ventana de metal. Las ventanas de madera son en general más fáciles de retirar, porque se pueden serrar o cortar en partes, mientras que para hacer esto mismo con las de metal se tiene que emplear una herramienta de corte más pesada. De todas formas, el objetivo en ambos casos es arrancar del hueco de albañilería la ventana completa ya existente junto con su marco.

Herramientas para el trabajo

Equipo de protección
Amoladora
Martillo
Formón viejo o un destornillador
Puntero
Sierra de metales
Palanqueta
Cepillo para el polvo

1 Quitar las hojas de ventana móviles. En las ventanas de madera se consigue fácilmente desatornillando las bisagras para liberar las hojas. Normalmente, las ventanas metálicas llevan las bisagras en la parte exterior y no se pueden soltar de la misma forma en que se haría tratándose de ventanas de madera. La mejor herramienta para hacer esto es la amoladora, cuya piedra giratoria sirve para cortar limpiamente la bisagra de metal. Estos aparatos se pueden alquilar en tiendas por poco dinero. Recuerde que debe seguir las instrucciones y recomendaciones del fabricante para una utilización segura de estas sierras.

2 Una vez que se han quitado las hojas, se pone cinta de carrocero sobre la superficie de los cristales fijos que puedan quedar. Después se quitan estos cristales, para lo que habrá primero que quitar toda la masilla que pueda haber alrededor de ellos. Se emplean para ello un martillo y un formón viejo o bien un destornillador. Al tiempo que se hace esto hay que ir

buscando las cabezas de los tornillos que mantienen unidos los diferentes elementos que componen la ventana y que suelen estar en los travesaños horizontales. Busque también tornillos en la parte exterior del marco; éstos son los que sujetan el marco a la pared. Hay que quitar los cristales para encontrar estos puntos de fijación.

3 Una vez localizados los tornillos, utilice un puntero y un martillo para soltarlos del marco; normalmente se aflojan bien con unos cuantos golpes firmes con el martillo.

4 Cuando ya tenemos las cabezas de los tornillos despejadas, se puede utilizar la uña del martillo para arrancarlos, aunque también se puede hacer esto mismo con una palanqueta.

5 Casi siempre, los tornillos de alrededor del borde de la ventana no son tan fáciles de sacar. Esto se debe principalmente a que son más largos y resistentes, ya que deben sujetar toda la ventana en su sitio. Es posible que, por tanto, tenga que utilizar la amoladora para cortar las cabezas

de los tornillos. Una vez que se han quitado las cabezas, unos cuantos golpes con el puntero y el martillo en la parte de tornillo que queda suelen ser suficientes para soltarla del marco, liberando el borde de la ventana de la posición en la que estaba fijo.

6 Las partes fijas de la ventana se pueden además partir utilizando una vez más la amoladora para cortar tramos de los largueros verticales.

7 Si la vibración de la ventana es tan fuerte como para no poder usar eficazmente la amoladora, puede ser

más fácil terminar utilizando una sierra manual para metales.

8 La retirada de los tornillos de las partes horizontales del marco de la ventana junto con los cortes hechos en los elementos verticales, hace que por fin se puedan retirar las principales partes del marco de la ventana. La palanqueta es la mejor herramienta para quitar las partes de la ventana.

9 Una vez que los elementos centrales de la ventana se han retirado, es más fácil separar el marco de la obra de albañilería que rodea la ventana. La palanqueta es la herramienta que mejor se adapta a este trabajo. Quizá encuentre tornillos olvidados durante la inspección realizada anteriormente; para ello utilice la amoladora para cortar la cabeza de estos tornillos cuando sea necesario, y sólo quedará tirar del marco hacia fuera.

10 Mire alrededor del hueco de la ventana para asegurarse de que ahí no queda ningún resto

de tornillos o fijaciones del marco. Si los hubiese, retírelos usando el martillo de uña procurando no estropear la obra de albañilería. Si aparece algún tornillo que pueda dañar mucho la albañilería al arrancarlo, quítelo usando la amoladora.

11 Una vez que se ha retirado la totalidad de la ventana y que el hueco está despejado, barra y limpie el polvo alrededor del marco para quitar cualquier escombro o material suelto. Con un cepillo normal de polvo se deja limpia toda la zona para poder instalar la ventana nueva.

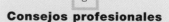

Consejos profesionales

La retirada de ventanas requiere mucho cuidado porque se pueden romper los cristales. Por ello es imprescindible que lleve guantes y gafas de protección para los cristales y cualquier otro material que pueda saltar. También hay que colgar una sábana contra el polvo por dentro de la casa, lo más cerca posible de la ventana, para que entre la menor cantidad posible de suciedad; además hay que retirar cuanto antes cualquier cristal roto, tanto dentro como fuera de la casa.

instalar una ventana – 2

La técnica para instalar ventanas de madera o de PVC es muy parecida; la parte más importante es asegurarse de que la nueva ventana se coloca en la misma posición exactamente en que estaba la vieja. En los edificios en que las paredes exteriores tienen cámara de aire también será necesario rehacer el cerco antihumedad en torno al borde del hueco, antes de colocar la ventana nueva.

Instalación de una ventana nueva de PVC

Esta clase de ventanas puede venir con el cristal o parcialmente acristalada. Consulte las instrucciones porque en algunos casos se aconseja quitar el cristal antes de hacer la instalación y en otros se recomienda quitar sólo los paños fijos de cristal. Quizá también necesite unir el alféizar al marco antes de la instalación.

Herramientas para el trabajo

Nivel de burbuja

Taladro sin cable

Pistola de sellado

Martillo

Sierra pequeña

1 Las ventanas se suministran casi siempre recubiertas de material adhesivo para protegerlas de cualquier desperfecto que se pueda producir al transportarlas o antes de instalarlas. Esta lámina de protección se puede quitar ahora. Las capas de material de protección se retiran solamente del marco principal de la ventana.

2 Coloque la ventana en el hueco y utilice un nivel para comprobar que está bien colocada tanto en horizontal como en vertical. Si la ventana es muy grande harán falta dos personas para hacer esto –una para comprobar el nivel y la otra para hacer los ajustes que se necesiten–. Una vez que se consigue que la posición sea correcta, se utilizan pequeñas cuñas de madera para sujetar la ventana en su posición.

3 Asegure la ventana con las fijaciones del marco que penetrarán en la obra de albañilería al menos 4 cm. Taladre un agujero piloto para las fijaciones directamente sobre el marco, utilizando una broca del tamaño apropiado.

4 Inserte la fijación del marco, y usando una pistola de sellado coloque una bolita de silicona en el agujero de la fijación. Las fijaciones del marco necesitan normalmente uno o dos martillazos para que ajusten bien en el agujero. Hay que parar de dar martillazos cuando el taco esté nivelado con el marco que le rodea.

5 Apriete el tornillo en su posición, asegurándose de que la rosca se sujeta bien en el taco y por tanto en la pared. Tenga cuidado de no apretar demasiado el tornillo porque ello puede curvar y deformar el marco. Al tiempo que se continúa añadiendo más fijaciones del marco, asegúrese, utilizando el nivel, de que la ventana no se ha desplazado de su sitio, porque se debe mantener en posición vertical.

6 Cuando ya se han colocado todas las fijaciones, hay que centrarse en la colocación de los cristales. Esto requiere generalmente el uso de empaquetaduras en las ranuras de cada hoja. Éstas se suministran junto con la ventana, y se colocan siguiendo las instrucciones del fabricante, antes de instalar los cristales.

7 Colocadas las empaquetaduras en su sitio, los paños de cristal se pueden encajar en la ranura. Siempre suele hacer falta hacer un poco de presión para colocar las hojas de cristal. Además, si el cristal tiene barras de acristalamiento integral, asegúrese de que están derechas. Encaje el junquillo interior del acristalamiento en su posición cuando esté seguro de que la posición de cristal es correcta.

8 Después de colocados todos los cristales, hay que ocuparse de la unión del marco de la ventana con la obra de albañilería. Para ocultar

cualquier irregularidad de los bordes de la albañilería, aplique una línea de silicona a los lados del marco y coloque sobre ella una tira de PVC presionando con fuerza para que se pegue en ese sitio. Corte la parte sobrante de la tira de PVC con una sierra pequeña y arregle los pequeños huecos que pueda haber en la parte interior de la casa aplicando una línea de silicona alrededor del marco.

9 Algunos modelos de ventana pueden tener agujeros de drenaje para dejar salir la humedad del interior del marco. Se pueden colocar tapones para cubrir estos agujeros.

10 Finalmente, selle alrededor del borde exterior del marco y cubra las tiras de PVC con una línea adicional de sellador de silicona. La superficie de la obra es generalmente ondulada, por lo que puede resultar difícil mantener una línea regular y continua de sellador. El proceso se puede mejorar asegurándose de que la boquilla del producto sellador se ha cortado del tamaño correcto, y emplee también cinta de carrocero para impedir que el exceso de sellador se extienda por la pared o por el marco. Tómese el tiempo necesario para esta tarea, porque tiene cierta repercusión sobre el aspecto final de la ventana.

Las ventanas de PVC son una práctica alternativa a las ventanas tradicionales de madera; no requieren mantenimiento y se han convertido en la elección más común para la mayoría de los propietarios.

medición y corte de cristales ⟋⟋⟋

En la mayoría de los casos, es aconsejable y a menudo más cómodo que los cristales los corte un profesional, especialmente si se necesita un gran número de cristales. Algunas variedades de cristal, como el endurecido o el laminado, deberían ser siempre cortados por un profesional. Sin embargo, pueden surgir situaciones en las que le sea imprescindible cortar cristales, por lo que es importante entender los correctos principios y técnicas para llevarlo a cabo.

Medición de cristales

Es de la mayor importancia que cualquier medición de cristales que se haga sea de la más absoluta precisión, ya que el cristal no tiene flexibilidad y es además bastante difícil recortarlo a una medida, como tampoco se pueden unir sus partes si se comete algún error al medir. Deben, sin embargo, seguirse algunos consejos cuando se realizan mediciones previas al corte de cristales. Tenga siempre presente que el cristal va siempre encajado en un marco de puerta o ventana, y puede ir sujeto con silicona o con masilla. Teniendo esto en cuenta, cualquier medición deberá por tanto dejar 1 ó 2 mm de tolerancia alrededor del borde del cristal.

En aberturas que no han tenido anteriormente un cristal, es muy sencillo medir y restar la tolerancia a la medida obtenida.

En ventanas viejas en las que un cristal roto se debe sustituir por uno nuevo, la medición puede resultar más difícil porque los restos de masilla impiden el acceso al borde exacto de la ranura que limita la abertura a cubrir, por lo que habrá que hacer una pequeña estimación al realizar una medición cuidadosa. También conviene recordar que en ventanas antiguas el marco o los huecos de apertura puede que no sean completamente cuadrados, por lo que habrá que medir todas las distancias separadamente para obtener una representación exacta del tamaño. Puesto que la precisión es tan importante, tenga especial cuidado a la hora de medir cristales, y realice siempre una segunda medición de comprobación antes de realizar algún corte. Un poco de vigilancia en este aspecto puede ahorrar mucho trabajo, posteriormente.

Herramientas para el trabajo

Tabla para cortar

Rotulador o marcador para porcelana

Escuadra

Cortador de cristales estándar

Cinta métrica

Tijeras

Corte de un paño sencillo

Cortar un paño de cristal grande transparente normal para reducirlo a un tamaño menor es una tarea relativamente sencilla, siempre que usted emplee un cortador de cristales de buena calidad. Asegúrese de que dispone de una buena superficie plana y firme sobre la que cortar; –un trozo de tablero de mdf será una buena elección.

1 Utilice un rotulador o un marcador para porcelana para señalar las líneas de corte sobre el cristal. Una simple marca sobre el borde del cristal es todo lo que se necesita, y realice siempre una doble comprobación puesto que los errores no se podrán rectificar. La escuadra es un instrumento de medida bastante exacto.

2 Se sujeta un utensilio de borde recto de un lado a otro del cristal –a escuadra es un instrumento apropiado en este caso– y raye la superficie con el cortador. Sólo hay que pasar el cortador sobre la superficie una vez, haciendo una línea precisa de un lado a otro del paño de cristal.

3 Hay que llevar gafas protectoras durante el proceso de corte como precaución ante la posibilidad de que salten esquirlas de vidrio. Coloque el cristal encima de la escuadra, de forma que la línea que se ha rayado coincida con el borde de la regla de la escuadra. Aplique cierta fuerza hacia abajo a ambos lados de la línea rayada, lo que hará que el cristal se parta precisamente por ahí. El paño de cristal está ahora listo para colocarse.

Consejo de seguridad

Manejar cristales puede causar heridas muy graves, por lo que se requiere especial cuidado cuando se hace. Siempre que tenga que manejar cristales, asegúrese de tomar las precauciones necesarias y utilice el equipo de protección siempre que sea preciso.

Cortes en círculo

Los cortes de este tipo pueden hacer falta en algunos casos, como por ejemplo para instalar un ventilador en un cristal. Aunque parece difícil a primera vista, para cortar un círculo se utiliza la misma técnica que para cortar en línea recta, excepto que el tipo de cortador que se emplea es ligeramente diferente. Para cortar un círculo hará falta fijar la cabeza del cortador de cristales en ángulo recto con el eje, y también deberá haber una ventosa en el otro extremo del cortador para sujetarlo y darle un punto sobre el que girar al usarlo.

1 Mida el radio del agujero circular que necesita cortar y transfiera esta medida al cortador de cristales. Se tendrá que ajustar la posición de la ventosa de acuerdo con esta medida antes de sujetarlo en la posición necesaria sobre el cristal.

2 Sujete la ventosa en el centro del cristal y haga girar el cortador cuidadosamente en torno al centro para obtener una raya circular exterior. Se repite la operación –una sola vez– aplicando una presión igualada y constante sobre la cabeza del cortador.

Es posible que tenga también que aplicar cierta presión hacia abajo para asegurar que la ventosa se mantiene en su posición.

3 Asegure la cabeza del cortador en una posición perpendicular al eje y haga más rayas sobre la superficie del cristal, por dentro de los límites de la raya circular de guía.

4 El cristal circular que se ha marcado no se suele soltar en una sola pieza, por lo que conviene debilitar el cristal más, para que se pueda quitar en trozos. Para hacer esto, utilice el extremo romo del cortador y golpee con él en el centro del cristal hasta que se empiecen a soltar trozos de vidrio.

Cortes de forma poco común

El diseño de una puerta o una ventana puede necesitar a veces paños de vidrio de una forma irregular. Esto puede ocasionar dificultades a la hora de tomar las medidas del cristal. Para estas formas complicadas, la mejor técnica es hacer una plantilla de papel que se utilizará como guía para cortar el cristal.

1 Sujete con cinta adhesiva un trozo grande de papel o cartón sobre el hueco a cubrir y dibuje una línea alrededor del borde de este hueco. De este modo se obtiene una réplica de la abertura a cubrir.

2 Recorte con cuidado esta plantilla añadiendo la holgura necesaria por alrededor para que ajuste bien en el hueco. Coloque esta plantilla sobre el hueco para verificar que el tamaño encaja, y si es correcto, lleve la plantilla a un cristalero que disponga de las herramientas necesarias para hacer un corte complicado. No intente hacer un corte de este tipo por su cuenta.

colocación de cristales ⚒

La colocación de paños de cristal sencillos es un proceso poco complicado, que puede ser de dos tipos, según se utilice masilla o un junquillo de madera para fijar el cristal. El primer método se describe con detalle en la página 126, donde se enseña a reemplazar un cristal roto. El segundo método se explica a continuación, mostrándose la mejor técnica de fijar junquillos de madera.

Colocación de un cristal con junquillos

Cuando se trata de una ventana nueva los fabricantes suelen proporcionar los junquillos necesarios al comprarla, pero en algunos casos puede que tenga que cortarlos usted mismo. El punto importante a tener en cuenta es que los junquillos deben tener un canto en bisel para que cuando estén colocados desalojen el agua que pudiera gotear desde la superficie del cristal y que así no pueda penetrar en el interior de la ranura. Aparte de estos requisitos de diseño, los junquillos pueden estar hechos de madera dura o de madera blanda, dependiendo casi siempre del tipo de madera de la ventana en cuestión. También se emplean junquillos para sujetar los elementos de doble acristalamiento en marcos de madera o huecos menores.

Herramientas para el trabajo

Cinta métrica

Pistola para sellar

Trapo

Sierra de ingletes

Cartón

Puntero

1 Compruebe las medidas de la abertura de la ventana para estar seguro de que es cuadrada, aunque se trate de una ventana nueva. Si la ventana tiene varios huecos que llevarán cristal, mídalos todos para saber si son del mismo tamaño. Muy a menudo, los de las hojas más pequeñas son de diferente tamaño, por lo que deberá estar seguro de estos detalles antes de encargar que le

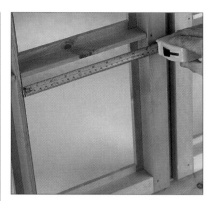

corten los cristales. Una vez que el cristal está cortado o ya se lo han suministrado, compruebe que los cristales se ajustan bien antes de continuar.

2 Con una pistola de sellar, coloque una línea de silicona alrededor de toda la ranura de ese hueco. Asegúrese de que la línea es continua y de que no hay tramos sin nada. La silicona se vende en un gran número de colores –la de color transparente es la más apropiada para trabajos de cristalería.

3 Coja un paño de cristal y colóquelo en la abertura a cubrir, apoyando primero el borde de abajo del cristal sobre la silicona de la rendija inferior. Después, coloque los pulgares

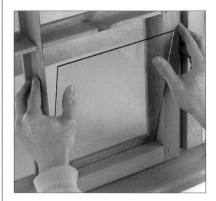

sobre la superficie del cristal cerca de sus bordes presionando gradualmente para ponerlo en su posición.

4 Presione cuidadosamente el paño de vidrio en su sitio asegurándose de que encaja correctamente. Retire el exceso de silicona con un trapo seco.

5 Utilice una sierra de ingletes con una cuchilla fina para cortar alguno de los junquillos, si fuese necesario. Aplique otra línea de silicona alrededor de la rendija de la abertura y coloque el primer junquillo sobre el borde inferior, apriételo para que ajuste bien, hasta que quede la cara quede alineada con la superficie del cristal y la base apoye limpiamente sobre la rendija.

6 Coloque el junquillo de la parte de arriba y después los de los lados. Estos últimos deberán encajar bien, y puede que necesite golpearlos con el mango del martillo para ponerlos en su sitio. En ese caso, tenga cuidado de no forzar los junquillos porque podrían romper el cristal (si van demasiado justos, córteles un trocito y vuelva a colocarlos). Una vez colocados todos los junquillos, utilice un trapo para quitar del cristal los restos de sellador.

7 Los junquillos habrá que asegurarlos en su sitio con unas puntas (clavitos) de cristalero. Será suficiente con dos en cada junquillo. Proteja la superficie del cristal con un trozo de cartón durante esta operación.

8 Por último, asegúrese de que las puntas no sobresalen de la superficie de la madera del junquillo usando un puntero y algunos golpes de martillo.

Pintado previo

En el ejemplo que acabamos de explicar, un acabado en madera natural significa que no hay que preocuparse por la pintura al instalar el cristal. Cuando una ventana va pintada, es mejor pintar los junquillos antes de instalarlos, ya que, si se pintan después, se necesitará mucho más tiempo para pintar con pulcritud la zona próxima al cristal. También puede ser recomendable pintar las rendijas antes de colocarles el cristal, ya que cuando el cristal es grueso se ve el color de la madera sin pintar al fondo de la rendija. Si se pinta la rendija del mismo color que la ventana no se producirá este efecto que empeora el acabado. Otra razón para que sea recomendable pintar los junquillos antes de instarlos es que la pintura puede adherirse mal en las zonas que tienen silicona, y las salpicaduras de este producto no influirán en el aspecto final de la pintura.

Los junquillos dan un aspecto final nítido a las ventanas de madera, ya que delimitan con mucha claridad la distinción entre el marco y el cristal.

colocación de herrajes de ventanas ⚒

Para que las ventanas funcionen correctamente necesitarán algún tipo de herraje para poder manipular los mecanismos de apertura y cierre. Algunas ventanas nuevas vienen con los herrajes ya instalados y se puede escoger entre dejarlos o instalar otros más en consonancia con nuestros gustos personales. En las páginas 82-83 se muestra una amplia selección de estos accesorios, pero haga siempre algunas comprobaciones antes de decidirse por alguno, ya que no todos los herrajes se pueden adaptar en cualquier tipo de ventana.

Instalación de una falleba para ventana de bisagras

Decida si la falleba cerrará por medio de un gancho o de un cerrojo empotrado. El primero sólo necesitará un montaje superficial, mientras que para el segundo habrá que empotrarlo en el larguero central. Este es el caso que se muestra aquí.

Herramientas para el trabajo

Punzón

Destornillador

Cúter

Formón

1 Los viejos herrajes, o como en el caso presente, los herrajes suministrados con la nueva ventana, se pueden sencillamente desatornillar y guardar antes de instalar unos nuevos. Sujete la falleba nueva en el centro del larguero. Utilice un lápiz para marcar los agujeros sobre la superficie de la madera. La altura a la que se coloca depende del diseño de la ventana. Lo recomendable es entre la mitad y dos tercios.

2 Utilice un punzón para hacer agujeros guía en las marcas a lápiz y después atornille la falleba en su posición. Utilice un destornillador manual porque con uno eléctrico se tiene menos control, y puede rayar la superficie de la falleba si se desliza la cabeza del destornillador.

3 Acerque las hojas de ventana y sujete el cajetín del cerrojo en su sitio sobre el larguero. Sitúelo de manera que esté seguro de que la falleba cerrará correctamente el cerrojo una vez que se haya hecho el hueco en el marco con el formón. Dibuje con un lápiz afilado una línea guía alrededor del cajetín asegurándose de que el cajetín esté en la posición correcta.

4 Corte alrededor de la línea guía con un cúter, teniendo cuidado de que no se deslice la hoja afilada. Corte hasta una profundidad igual a la del cajetín del cerrojo. Utilice el formón con cuidado y vaya quitando madera hasta la profundidad necesaria. Esto se puede hacer a mano y sin emplear el martillo. Entonces, ponga el cajetín en su sitio y trace una línea guía en la parte central de la chapa del cajetín, retírelo una vez más y excave esa parte con el formón hasta una profundidad que permita toda la entrada del cerrojo al girar la falleba.

5 Por último, ponga de nuevo el cajetín del cerrojo en su sitio; haga, una vez más, unos agujeros piloto con un punzón y atorníllelo de forma segura.

Fallebas de gancho

La alternativa al uso de fallebas de cerrojo es utilizar fallebas de gancho. Para su colocación se emplea una técnica similar, excepto que el punto sobre el que cierra el gancho va montado exteriormente por lo que no necesita empotrarse en la ventana, a no ser que el diseño de la falleba requiera que se haga eso. Es importante colocar el pivote de enganche verticalmente en la parte central del larguero de la hoja correspondiente y comprobar que la falleba cerrará correctamente una vez atornillado el pivote de enganche.

Colocación de varillas y clavijas de apertura

Al igual que ocurre con las fallebas, la mayoría de las ventanas de bisagras necesitan varillas de apertura para completar sus mecanismos de apertura y cierre. Una vez más, se retiran los herrajes viejos o que no se deseen conservar, para poder instalar las nuevas varillas y clavijas.

Herramientas para el trabajo

Lápiz

Punzón

Destornillador

Taladro/destornillador sin cable

1 Cierre la ventana asegurándola con la falleba instalada. Sujete la varilla en su sitio a lo largo del travesaño inferior de la hoja y marque con un lápiz los agujeros de los tornillos que sujetarán la varilla.

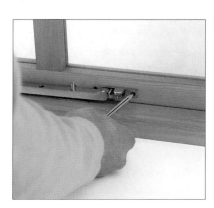

2 Utilice un punzón para hacer agujeros piloto y después atornille la varilla en su sitio, a mano, preferiblemente para eliminar el riesgo de rayas en su superficie. Marque con un lápiz las posiciones de las clavijas de enganche. Puede ser necesario sujetar la varilla casi cerrada para conseguir la posición más acertada para las clavijas.

3 Haga agujeros con el punzón sobre los agujeros marcados a lápiz o con el taladro con broca fina, como se muestra en la foto. Apriete a mano los tornillos en su posición y compruebe el mecanismo completo de apertura y cierre. Todavía es posible hacer ajustes en la posición de la clavija para estar seguro de que se cierra de forma segura.

Aunque los herrajes para ventanas tienen en principio un cometido funcional, también pueden añadir un toque decorativo al aspecto final de la ventana.

aislamiento de ventanas ⁄⁄⁄

La forma más eficaz de aislar ventanas es escoger unas ventanas de PVC y cambiarlas por las viejas. Sin embargo, en muchos casos, esto puede resultar demasiado caro, por lo que hay que tener en cuenta otras formas de aislamiento a la hora de mejorar el de su casa. La colocación de una capa adicional de ventanas o barrera aislante para cubrir una ventana ya existente, ofrece un método de aislamiento más barato que el doble acristalamiento. A esta fórmula la llamaremos con frecuencia doble acristalamiento secundario.

Colocación de un doble acristalamiento secundario de puertas correderas

Las ventanas correderas de doble acristalamiento secundario se suelen poner aprovechando la parte exterior del hueco de una ventana remetida, y su diseño permite acceder a la ventana principal de forma que ésta se puede abrir y cerrar a voluntad. Las ventanas correderas de este tipo las suelen suministrar los fabricantes en forma de *kit*, que después se cortan a medida para que se adapten a las necesidades particulares de cada caso.

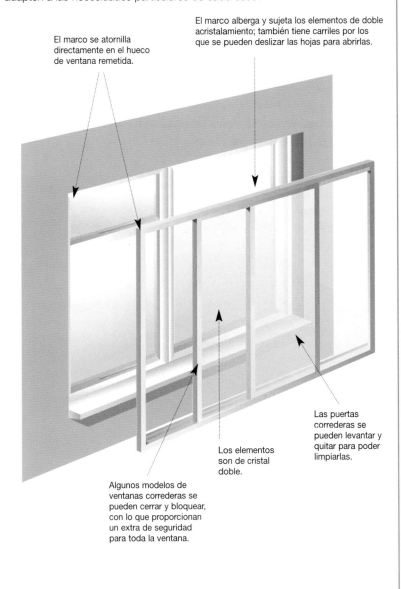

El marco se atornilla directamente en el hueco de ventana remetida.

El marco alberga y sujeta los elementos de doble acristalamiento; también tiene carriles por los que se pueden deslizar las hojas para abrirlas.

Las puertas correderas se pueden levantar y quitar para poder limpiarlas.

Los elementos son de cristal doble.

Algunos modelos de ventanas correderas se pueden cerrar y bloquear, con lo que proporcionan un extra de seguridad para toda la ventana.

OTRAS FORMAS DE AISLAMIENTO

• *Láminas de politeno.* Una de las formas más económicas de conseguir un buen aislamiento es utilizar láminas finas de politeno que se sujetan de un lado a otro de la ventana. Se pueden comprar en forma de *kit* y en principio la lámina se pega al marco con cinta adhesiva. Después se utiliza un secador de pelo y se dirige el aire hacia la lámina que se tensa creando una barrera aislante. El inconveniente es que no se puede abrir la ventana sin romper la lámina de politeno, pero para ventanas que no se abren casi nunca o como remedio temporal este método es fácil y apropiado.

• *Paños de cristal doble.* En ventanas de madera ya existentes se pueden cambiar los cristales normales por elementos de doble acristalamiento para mejorar el aislamiento. Teniendo en cuenta que los acristalamientos dobles son más gruesos, lo primero que hay que hacer es comprobar que la anchura de la rendija es suficiente para alojarlos.

• *Burletes y tiras aislantes.* Un método adicional, muy barato, para ventanas ya existentes es emplear alguno de los muchos sistemas de burletes y tiras aislantes, que son baratos y fáciles de encontrar. Existen diferentes diseños y productos al igual que diferentes fabricantes. Los dos sistemas más conocidos están basados en tiras de espuma autoadhesivas o en tiras de plástico con un acabado en cepillo. Estos últimos tienen los ángulos cortados en inglete para que coincidan con el marco y se fijan mediante clavitos. Existen diseños diferentes para ajustarse a los diferentes tipos de ventanas.

Se puede encontrar un sistema más sencillo que el de las hojas deslizantes utilizando planchas sencillas de PVC que se fijan de lado a lado para cubrir la superficie total de la ventana. Este sistema proporciona un aislamiento excelente, y que es mucho más fácil de instalar que él de hojas de ventana correderas que se ha descrito anteriormente. Permite además el acceso, en el sentido de poder abrir la ventana, si ello fuese necesario. Esta es una opción sencilla y con buena relación calidad precio, que se puede utilizar de forma temporal o para una ventana que se abra pocas veces.

Herramientas para el trabajo

Cinta métrica

Sierra de metales pequeña

Cúter

Destornillador

1 Mida cuidadosamente las dimensiones de todo el marco de la ventana, puesto que éstas serán las medidas de los carriles de plástico que sujetarán la hoja de PVC en su sitio. En nuestro caso, la plancha de PVC se instala directamente sobre el marco de la ventana, pero también se puede poner en la parte exterior del hueco de la ventana, cubriendo éste completamente. Antes de colocar el acristalamiento secundario, es recomendable que limpie la parte exterior de la ventana, ya que el acceso se verá limitado, una vez instalada la hoja de PVC.

2 Corte los carriles a su medida con una sierra de metales pequeña o un cúter, haciendo cortes en inglete para un acabado perfecto de los ángulos de la ventana. Retire la banda protectora de la cinta adhesiva de debajo de los carriles.

3 Coloque los carriles en su sitio y presione con fuerza, asegurándose de que haya buen contacto entre la cinta adhesiva y el marco de la ventana. Normalmente transcurre un periodo de tiempo muy corto antes de que el adhesivo pegue el carril en su sitio de forma definitiva, por lo que habrá que hacer deprisa los pequeños ajustes de posición.

4 Una vez colocados todos los elementos del carril alrededor del marco, abra el carril usando para ello al principio un destornillador, y después se puede seguir a mano. Mida las dimensiones exactas de ancho y largo que debe tener la hoja

de PVC. Traslade estas medidas a la hoja de PVC y córtela a su tamaño con una sierra de metales pequeña.

5 Coloque la hoja de PVC en el carril de retención, deslizándolo con cuidado hasta que quede en la correcta posición. Conviene limpiar antes la cara interior de la hoja porque después de instalarla el acceso se verá muy limitado.

6 Por último, cierre con un golpecito los carriles de retención para que la hoja quede firmemente sujeta, lo que proporcionará muy buen aislamiento.

acabados decorativos

Todas las puertas y ventanas necesitan un acabado decorativo de algún tipo, que suele obtenerse mediante pintado o acabados en madera natural, tales como el tintado o barnizado. La única excepción a la regla suele estar constituida por las puertas y ventanas de PVC, aunque los fabricantes proporcionan incluso sistemas de pintado del PVC, cuando comienza a perder su brillo y acabado característico. En especial, las ventanas constituyen un ejemplo poco habitual desde el punto de vista decorativo, ya que puede darse a sus caras exterior e interior un tratamiento similar o uno completamente diferente. Esta noción es también aplicable a las puertas exteriores y, hasta cierto punto, también a las interiores, ya que la decoración de un lado de la puerta puede ser totalmente distinta a la de la otra cara. Este capítulo se refiere a los diversos métodos disponibles, así como a las prácticas correctas y más efectivas para su preparación, con objeto de lograr el mejor acabado posible.

Las puertas de paneles ofrecen más superficies a decorar y pueden incorporarse al esquema de color de la habitación.

selección de opciones

Dando por supuesto que se utiliza el sistema correcto, los colores y acabados son una cuestión de gusto. Un factor determinante estará constituido por el hecho de que se trate de una sustitución por un elemento nuevo, o si se trata de redecorar una puerta o ventana existente. Las sustituciones ofrecen una mayor flexibilidad, ya que la madera no tratada ofrece una buena base, tanto para la pintura como para el barnizado; mientras que en el caso de ventanas y puertas existentes, puede ser mejor el repintado, para evitar la ardua tarea de decapado necesaria para lograr un buen acabado.

Puertas exteriores

Las puertas exteriores de madera dura presentan las ventajas de la madera natural en su decoración. Aunque pueden pintarse, el tintado suele ser más satisfactorio, en lo que se refiere a la adherencia y durabilidad del acabado. El pintado va mejor con las puertas de madera blanda, aunque también pueden tintarse o barnizarse para obtener un acabado resistente y duradero. Recuerde que las puertas exteriores son un foco de atención en el exterior de la casa, y, por ello, es importante disponer de un acabado de buena calidad, con objeto de poder enorgullecerse de estos elementos. También debe prestarse mucha atención en la elección de los materiales adecuados para el pintado o barnizado de la madera natural, y aplicar éstos en el orden correcto.

DERECHA: *La puerta de entrada de su casa suele producir una primera impresión del conjunto de la casa. Asegúrese de que la decoración es de primera calidad.*

Puertas interiores

Las puertas interiores no sufren la agresión de los elementos, como ocurre en el caso de las exteriores, por lo que las consideraciones a hacer están relacionadas con el gusto y la preferencia de cada uno. La elección de colores o acabados que complementen la decoración del entorno suele tener un efecto muy beneficioso en el conjunto de la habitación. Recuerde que las puertas se examinan de cerca, ya que, al entrar o salir de la habitación, se ven de cerca. Por ello, conviene tomarse su tiempo en el acabado, para dar al conjunto de la habitación un aspecto atractivo y profesional. También debe tener en cuenta que puede ser más efectiva la modificación del acabado de una puerta que la del de otros elementos de la habitación.

IZQUIERDA: *Las puertas de paneles producen un acabado más ornamental que las puertas lisas y permiten la experimentación en los esquemas de color.*

ARRIBA: *El acabado en madera natural de esta ventana en arco acentúa el ambiente relajado y amplio.*

DERECHA: *Las ventanas de guillotina proporcionan una fácil elegancia, que puede embellecerse con unos cortinajes originales.*

ABAJO: *La puerta rústica de estilo antiguo se acomoda a la habitación tradicional, mientras los acabados en contraste de la madera añaden interés.*

Ventanas tintadas

El tintado para madera ayuda a mostrar las cualidades atractivas de la veta y demás características de la madera, y la gran variedad de colores permite teñir las maderas blandas, más claras, para darles la apariencia de una madera dura más exclusiva. Otro aspecto a considerar es que los tintados y barnices no envejecen de una forma tan destructiva, cuarteándose, como ocurre con la pintura.

Ventanas pintadas

En muchos casos, el pintado de las ventanas es la mejor opción de decoración, especialmente al redecorar ventanas previamente pintadas o, simplemente, como una cuestión de preferencia, complementando las demás facetas del diseño y aspecto de la casa. La selección de colores es amplia y su elección puede estar guiada hacia obtener una mezcla con otros elementos decorativos.

Combinación de acabados

No existe una regla clara que obligue a dar el mismo acabado a puertas y ventanas. En muchos casos, se puede obtener un efecto grato combinando acabados diferentes, para lograr un esquema decorativo más interesante, al combinar efectos que contrastan. Frecuentemente se da el caso de acabar las puertas en un estilo de madera natural, mientras se pinta el resto de la fábrica de madera de la habitación, de modo que contraste con ese efecto.

elección de los materiales

De forma clara, los materiales deben seleccionarse teniendo en cuenta su calidad, y, hasta cierto punto, el coste determinará la calidad y las propiedades de durabilidad de las pinturas y barnices que adquiera. Es importante elegir los materiales adecuados para cada superficie y para cada tarea, de modo que se utilice el mejor sistema para lograr un producto con el acabado deseado. También debe escoger los útiles correctos para el trabajo. (Se necesitará una caja de herramientas pequeña con el equipo para pintar.)

Herramientas para el trabajo

El equipo más esencial para poder pintar puertas y ventanas es un buen conjunto de brochas. Las bochas de cerdas son las que resultan útiles para más usos, mientras que las sintéticas se adaptan mejor a las pinturas al agua y acrílicas. Los pinceles se utilizan en las tareas de mayor detalle, y los minirodillos pueden utilizarse en ocasiones para pintar puertas con rapidez y eficacia.

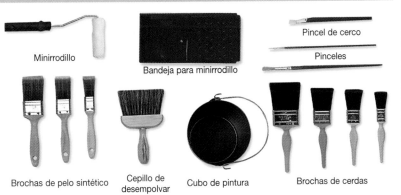

Minirrodillo

Bandeja para minirrodillo

Pincel de cerco

Pinceles

Brochas de pelo sintético

Cepillo de desempolvar

Cubo de pintura

Brochas de cerdas

Acabados de puertas y ventanas

La tabla contiene información sobre las propiedades de los materiales utilizados en capas de protección y decoración de puertas y ventanas. Además de estos ejemplos, hay disponibles otras alternativas especiales, que puede ser útil considerar a la hora de decorar las puertas y ventanas.

Tipo	Propiedades y tipos de uso
Selladora	Usada para sellar la savia y resina de los nudos de la madera, antes de la aplicación de la pintura o tintada. Disponible transparente y en colores más oscuros, utilizándose la primera en acabados de madera natural.
Imprimación	Disponible con base al agua o de disolvente. Esta última es más apropiada para exteriores, en tanto que la imprimación al agua seca más rápido.
Capa inferior	Disponible al agua o con disolvente; se utiliza como capa intermedia entre la imprimación y la capa de acabado, cuando se usan pinturas de cáscara de huevo o satinadas.
De cáscara de huevo al aceite	Puede usarse en puertas interiores y superficies de ventanas, pero aguanta mal el exterior. Acabado mate. Cubre bien y es muy resistente. Tarda mucho en secar.
De cáscara de huevo al agua o acrílica	Puede usarse en puertas y ventanas. Más fácil de aplicar que su equivalente al aceite. Mayor brillo que ésta. Resistente. Su secado más rápido permite un acabado rápido.
Satinada	Hay variedades al agua y al aceite. De mejor aplicación si la madera ha recibido imprimación y capa inferior. Muy resistente. Tarda mucho en secar, sobre todo la variedad al aceite.
Tintura	Con base de aceite o disolvente. Proporciona un acabado translúcido y coloreado a la madera desnuda. A veces se necesita una selladora antes de su aplicación. El brillo varía desde el mate al satinado.
Barniz	Los hay al agua y al aceite, dan un acabado duro y proporcionan protección a la madera natural. Se aplica directamente o como capa de protección de la tintura. Su brillo varía desde mate hasta muy satinado.
Aceite escandinavo	Otro acabado de maderas naturales. Adecuado para maderas duras. Da una protección con mucha penetración. Al pulirlo se obtiene un brillo medio.

Orden en la realización del trabajo

El orden de realización del trabajo o aplicación de sistemas diferentes debe ser respetado para obtener un acabado lo más correcto y duradero posible. Los sistemas pueden dividirse entre los de interiores y exteriores, y entre los de pintado y acabado en madera natural. Los sistemas de pintado pueden variar, por lo que se deben comprobar las instrucciones de los fabricantes, antes de la aplicación de las capas.

Sistema de pintado al agua para maderas en interiores

Selladora transparente. Usada en la mayoría de los sistemas de pintado al agua, aunque en ocasiones pueda utilizarse selladora oscura.

Imprimación. Se aplica la primera capa o imprimación.

Capa inferior. Proporciona una base a la capa de acabado.

Capa superior. De cáscara de huevo o satinada, da el aspecto final.

Sistema de pintado a base de disolventes sobre madera en interiores

Selladora oscura. Generalmente de mayor resistencia que la selladora blanca

Imprimación. De penetración profunda en la superficie de la madera.

Capa inferior. Aplicada como base de la capa de terminación.

Capa superior. De cáscara de huevo o satinada. Proporciona el aspecto final.

Sistema de pintado a base de disolventes sobre madera en exteriores

Selladora oscura. Resistente al desgaste.

Imprimación de conservación. De consistencia acuosa. Penetra profundamente en la superficie de madera.

Capa inferior. Primera capa inferior.

Segunda capa inferior. Amplía las propiedades de resistencia a la intemperie del acabado.

Capa superior. Proporciona el aspecto final y es muy resistente a los elementos en comparación con las pinturas de interiores.

Sistema de tintado de maderas en exteriores

Selladora transparente. Debe aplicarse si se indica en las instrucciones del fabricante.

Primera capa de tintura (barniz). A menudo diluida para que actúe de imprimación.

Segunda capa de tintura. Proporciona una base a la capa superior.

Capa superior de tintura. Proporciona el acabado.

preparación de puertas y ventanas ↗

Por bien que se haya pintado una puerta o ventana, el acabado se deteriorará rápidamente, si no se ha preparado adecuadamente la superficie en cuestión. El grado de preparación requerido dependerá también de si la madera estaba previamente recubierta, o de si se parte de una superficie de madera totalmente nueva. En cualquiera de los casos, la preparación correcta es fundamental para asegurar el mejor acabado posible, y es por tanto un aspecto de la renovación de puertas y ventanas que no debe ser nunca pasado por alto.

Herramientas para el trabajo

Brochas

Brocha o pincel para selladora

Rascador

Pistola de sellador

Cuchillo de rellenar.

Madera nueva

El orden de trabajo sobre madera nueva se ha mostrado ya en la página 103, aunque no las instrucciones necesarias sobre las técnicas a seguir, y hace falta entender en profundidad cómo tratar la madera nueva.

1 Toda madera nueva requiere un lijado minucioso antes de la aplicación de recubrimientos decorativos. La finura de la lija a utilizar dependerá de la rugosidad de la superficie, pero las lijas de grano medio o fino son las idóneas para la mayoría de las maderas "preparadas". Siempre debe lijar en el sentido de la veta. Esto es de particular importancia cuando va a darse un acabado en madera natural.

2 Tras el lijado, la superficie debe limpiarse para eliminar cualquier polvo o residuo. Si se falla en esto, cualquier resto que haya quedado se incorporará a la primera capa del acabado decorativo, dejando granos o una zona semirrugosa. Un trapo con trementina es ideal, ya que recogerá cualquier grano de polvo, mientras se limpia la superficie. La trementina se evapora con rapidez, permitiendo la aplicación de las capas poco después.

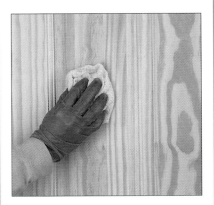

3 Si se va a pintar, debe darse una disolución selladora sobre todos los nudos, antes de dar la imprimación. Frecuentemente hay una brocha o pincel unido a la tapa del bote de selladora. Si no lo hubiera con la marca utilizada, aplique la disolución

Consejos profesionales

Esté la madera estropeada o no, es probable que sea necesario cierto rellenado para así obtener un acabado óptimo. La masilla es lo mejor para tapar agujeros en superficies planas que han sido previamente lijadas. El calafateo es mejor para reparar las grietas o juntas ya que se trata de un producto moldeable que tolerará posibles alteraciones en las juntas y evitará que se produzcan más grietas.

con un pincel, verificando que se tratan todos los nudos. Es muy conveniente dar dos aplicaciones de selladora en todos los nudos, con objeto de asegurarse de que quedan recubiertos.

4 Tras el secado de la selladora, puede procederse a la imprimación de la madera. Trabaje la imprimación sobre la superficie de madera, extendiéndola con la brocha, evitando goteos o escorreduras. Tras la aplicación y el secado de la imprimación, dé un lijado ligero a la superficie, utilizando una lija de grano fino, y vuelva a limpiar con trementina, como se ha indicado en el paso 2. A continuación, pueden añadirse las capas inferiores o superiores, según se requiera.

Madera previamente pintada o barnizada

En el caso de maderas que han sido decoradas previamente, y que, por tanto, tienen todavía capas de pintura o barniz, el sistema debe variar ligeramente. La atención debe centrarse en la preparación de la superficie, haciéndola apta para su decoración.

1 Lije la superficie minuciosamente. Generalmente se requiere un grano de lija más basto que en el caso de maderas nuevas. Elimine cualquier bulto o saliente en la superficie pintada, hasta conseguir una superficie más lisa para la redecoración.

2 El borde de un rascador también es útil para eliminar materiales poco adheridos a la superficie, especialmente para limpiar las fisuras de las juntas de madera, donde suele haber películas de pintura menos adheridas.

3 En las fisuras y juntas limpiadas, aplique una masilla de relleno de decoración, mediante una pistola de sellador. Cuide de no poner demasiada masilla, ya que se desperdiciarán los excesos. Tan sólo ponga el material necesario para rellenar la junta limpia y eficazmente.

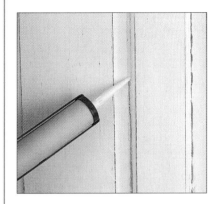

4 Pase un dedo mojado sobre la junta rellenada, para alisar su superficie y proceder al pintado. El relleno debe alisarse antes de que seque, ya que no puede lijarse como la masilla multiusos.

5 Debe rellenarse con masilla multiusos cualquier hendidura, grieta o agujero de la superficie de madera. A continuación, déjese secar y líjese hasta lograr una terminación suave, antes de la aplicación de los recubrimientos decorativos.

PUNTOS ADICIONALES A TENER EN CUENTA

• *Imprimación de zonas sin pintura.* En algunas zonas de las superficies de madera pintada previamente, la antigua pintura puede haber desaparecido, dejando la madera desnuda. No olvide dar una mano de imprimación en las zonas de madera desnuda.

• *Maderas naturales.* La preparación y los materiales de relleno para acabados en madera natural difieren de los utilizados en terminaciones pintadas, ya que, a causa de la naturaleza transparente de barnices y tinturas, las masillas de relleno resultarían visibles. Hay que usar por tanto masillas especiales, diseñadas para acabados de madera natural, como las tinturas y barnices. De igual modo, las disoluciones selladoras usadas en este tipo de acabados deben ser transparentes, de modo que no se vean a través de las capas de recubrimiento. (Tal como se ha mostrado en la página 103.)

• *Extras para exteriores.* EL trabajo de preparación para los exteriores de puertas y ventanas suele ser de mayor alcance que en los interiores, ya que la superficie exterior está sujeta a los ataques de los elementos, y el deterioro puede llegar a ser muy severo. Esto significa que el lijado y relleno suele durar más y puede tener que sustituirse la masilla en algunas zonas.

• *Decapado de la madera.* Algunos expertos recomiendan el decapado total de las superficies de madera, hasta dejar la madera desnuda, antes de proceder a la redecoración. Esto se hace necesario si desea cambiar un acabado pintado por otro en madera natural. En otro caso, no hay necesidad de una medida extrema, de utilizar pistolas o productos químicos decapantes. La calidad de las pinturas actuales hace posible volver a pintar sobre la pintura antigua, consiguiendo un buen efecto, y la mayoría de los acabados en madera natural están diseñados para la aplicación de nuevas capas de refresco o mantenimiento sobre capas previas de recubrimiento. Si tiene que ir a la opción del decapado total, siga las instrucciones de seguridad para el uso de pistolas térmicas o decapantes químicos, potencialmente peligrosos.

técnicas de pintado – 1 ⤢

Es muy simple. Hay una forma correcta y otra incorrecta de pintar cualquier elemento, y las puertas no son una excepción. Usted debe refinar su técnica para lograr el mejor acabado posible. Tras completar la preparación y la imprimación, la aplicación de las capas inferiores y de la capa superior del mismo sistema sigue el mismo orden en el trabajo. Las puertas varían en diseño, pero una de las variedades más empleada es la de la puerta de paneles, mostrándose a continuación el mejor método de lograr un buen acabado.

Herramientas para el trabajo

Brocha de 37,5 mm (1 ¹/²")

Brocha de 25 mm (1")

Pintado de una puerta de entrepaños o paneles

El diseño de la puerta de paneles suele contener desde dos grandes paneles que ocupan toda la superficie, hasta ocho paneles. Sin embargo, el mejor sistema de pintado es idéntico, mostrándose aquí un ejemplo de una puerta con seis paneles. La elección del tamaño de brocha es importante, y el de 37,5 mm es idóneo en la mayor parte de los casos.

1 Comience por pintar los propios paneles, empezando por los de arriba. Además de pintar la zona plana central, pinte también la zona moldeada, tratando de no manchar los montantes y travesaños.

2 Continúe trabajando hacia la parte inferior de la puerta, completando paneles, pasando la brocha en el sentido de la veta de la madera. Aunque esté pintando un panel

de aglomerado, en el que no hay veta propiamente dicha, pase la brocha en el sentido que hubiera tenido la veta del panel.

3 Una vez que se han terminado los paneles, pase al larguero central, pintando hacia abajo. Trate de que la pintura no se extienda por los laterales de los travesaños, y si escurre algo de pintura a los paneles, pase la brocha para evitar acumulaciones de pintura.

4 Pase a los travesaños horizontales para completar la parte central de la puerta. Tenga cuidado al hacer la junta entre los travesaños y los montantes verticales ya pintados, para

definir una línea bien precisa. Esto permitirá mantener el principio de pintar siguiendo la veta, proporcionando, por tanto, el acabado más limpio posible.

5 Finalice de cubrir la puerta mediante el pintado de los otros dos montantes verticales laterales de la zona de las bisagras y anterior. De nuevo, cuide las juntas en el cruce con los travesaños, mientras pinta de la manera habitual.

6 Pinte el canto anterior de la puerta, utilizando una brocha de 25 mm, para evitar salpicaduras. Pinte con precisión, hacia abajo, sólo el canto de la puerta, y no su superficie.

7 Ahora está completa la propia puerta, debiendo pasarse a la moldura del marco. El borde de las bisagras no debe pintarse en esta etapa, ya que su color corresponde al de la otra cara de la puerta. Comience por el borde de la moldura del marco.

8 Una vez finalizados los bordes de la moldura del marco, pinte la cara de la moldura, volviendo a tomar la brocha de 37,5 mm para un mayor avance.

9 Pinte el tope interior de la puerta, y el resto de esa cara del marco, y compruebe cualquier zona que haya podido dejarse. Vuelva a observar la

superficie de la puerta, buscando posibles salpicaduras o goteos en la superficie pintada. Retoque esas zonas.

Puertas lisas

Las puertas lisas no tienen las superficies complicadas de las puertas de paneles. Por tanto, pueden tratarse como cualquier superficie abierta. Se

pinta mejor dividiendo mentalmente su superficie en ocho partes de igual tamaño, comenzando en dos partes en la zona superior, y con tres filas más de dos partes cada una, según se desciende a lo largo de la puerta. Conviene mantener el borde mojado, según va pasando de una zona a la siguiente, de modo que no queden juntas visibles entre las diversas zonas. La moldura del marco y el marco mismo pueden pintarse como se ha indicado en el caso de las puertas de paneles.

Puertas vidriadas

Cuando se pinte una puerta acristalada, debe tratarse más como una ventana de hojas que como una superficie de puerta sólida.

Una puerta bien pintada forma parte integral de la decoración de cualquier habitación. La atención al detalle y la realización de líneas divisorias nítidas ayudan a mejorar el aspecto y a proporcionar un acabado de buena calidad.

técnicas de pintado – 2

De forma similar al caso de las puertas, para alcanzar el acabado mejor posible en el pintado de las ventanas hay que seguir un determinado orden en la ejecución. Pero la precisión es aún más importante en el caso de las ventanas, ya que es fundamental prevenir pintar sobre las superficies transparentes o salpicar de pintura los cristales. Por tanto, tal como se ha mostrado en el caso de las puertas, las ventanas deben dividirse en partes diferentes, y pintadas de forma sistemática, de acuerdo con el orden en el trabajo que se indica a continuación.

Herramientas para el trabajo

Brocha de 25 mm (1")

Ventanas de bisagras

Las ventanas de hojas proporcionan un buen ejemplo de cómo se debe realizar el pintado de cualquier tipo de ventana. Las ventanas de hojas, a su vez, pueden variar en su diseño, con diferentes tipos y tamaños de las partes que se abren, pero los principios del orden en el trabajo siguen siendo los mismos. Recuerde que debe ir observando las zonas ya pintadas para extender cualquier goteo o escorredura, antes de que seque la pintura. Asegúrese de prestar la suficiente atención a las numerosas juntas y esquinas, que son zonas en las que la pintura puede acumularse.

1 En primer lugar, debe comenzarse por los bastidores de los cristales más pequeños. Comience por pintar los junquillos, usando una brocha de 25 mm. Cuide de extender la pintura directamente en la juntura del cristal y el junquillo, creando un borde preciso.

Consejos profesionales

• *Preparación del alféizar.* Antes de pintar el alféizar de la ventana, límpielo pasando un trapo impregnado de trementina y permita que seque antes de proceder al pintado. Esto elimina las partículas de polvo y mejora el aspecto final.

• *Guardas de las ventanas.* Si encuentra especialmente difícil producir un borde nítido en la juntura entre el cristal y el junquillo, puede convenirle la utilización de guardas de ventanas. Estas piezas especiales, en metal o plástico, se sujetan a lo largo de la juntura entre el cristal y la madera, colocadas para proteger la superficie de vidrio, de modo que la pintura se aplique tan sólo sobre la madera. Sin embargo, tras pintar cada junquillo, el borde de la guarda o protección debe limpiarse con un trapo, para eliminar los excesos de pintura, evitando manchar la superficie de vidrio, al volver a colocar la pieza.

• *Tiempo de secado.* Deje siempre un tiempo suficiente para el secado de la pintura. Si cierra la ventana demasiado pronto, se producirá, inevitablemente, el pegado de ambas hojas.

2 Continúe hasta completar la hoja pequeña de la ventana, pintando primero los travesaños horizontales, y, a continuación, los verticales. Recuerde que conviene pasar las cerdas de la brocha en la dirección del grano de la

madera, dependiendo de la sección de la hoja que esté pintando. Esto crea un acabado nítido entre las maderas horizontales y verticales.

3 Pase a continuación a las hojas mayores, comenzando de nuevo en los junquillos. Comience pintando los cristales de la parte superior y continúe pintando los junquillos hacia abajo, hasta la parte inferior del cristal.

4 A continuación puede completar el pintado de la hoja, acometiendo los travesaños horizontales y verticales. Las partes que se pintan en último lugar son los largueros verticales laterales del lado de las bisagras y del lado opuesto de la hoja de ventana.

5 Pinte las hojas fijas, comenzando por los junquillos y terminando por las superficies planas de los travesaños.

6 A continuación, pase a los rebajos interiores del marco principal, entre el borde externo del marco y las hojas de la ventana. Cuando trabaje en los alrededores de la unión del marco y de las hojas que se abren, tenga cuidado en pintar una línea divisoria nítida, de modo que no se monte sobre los bordes de la ventana.

7 Para terminar, complete la cara principal de la ventana, pintando el marco exterior. Se requiere aquí la misma precisión, especialmente en los rebajos próximos al vidrio. Realice

siempre un borde preciso entre el marco de la ventana y la superficie de la pared.

8 Una vez completada la ventana, puede pintarse el alféizar, para disponer de un producto completo. Hay que hacer notar que el pintado del exterior de una ventana es muy similar al pintado del interior, excepto en que los junquillos pueden ser de masilla o madera. La técnica empleada será de todas formas muy similar.

Ventanas de guillotina

El pintado de las ventanas de guillotina sigue principios muy similares a los utilizados en ventanas de bisagras. El mejor método es el de comenzar junto al cristal y continuando hacia las partes más alejadas, finalizando en el marco. El principal problema en las ventanas de guillotina es el del pintado de los carriles, ya que es el sitio en que la ventana puede pegarse, impidiendo el mecanismo de apertura. Conviene por ello inspeccionar con detalle antes del pintado de la ventana. Si no requieren volver a pintarse, no conviene hacerlo, por el mero hecho de pintarlo todo. Tenga en cuenta que los carriles quedan ocultos la mayor parte del tiempo, y es mejor que funcionen cómodamente, a que se queden pegados por la acumulación de capas de pintura. Desde un punto de vista estético, el esfuerzo debe concentrarse en aquellas partes más visibles de la ventana.

Una ventana bien pintada proporciona líneas limpias y concisas, que muestran una buena atención a los detalles, mejorando el aspecto general de la decoración de la habitación.

reparación y restauración

Las puertas y ventanas son elementos caros, pero fundamentales, en la configuración de su casa, por lo que hay que cuidarlas al máximo nivel posible. Hay que referirse a las cuestiones ordinarias de desgaste, para entender cómo se presentan los problemas y cuáles son las mejores técnicas para repararlas y restaurarlas. Muchos de estos problemas son sencillos, y pueden clasificarse en la categoría del mantenimiento general, con objeto de asegurar el buen funcionamiento de puertas y ventanas. Sin embargo, otras reparaciones pueden ser de mayor amplitud, necesitándose medidas de mayor detalle cuando se llega a la restauración. El capítulo siguiente incluye un amplio espectro de asuntos dentro de esta área, y ayuda a mostrar las técnicas más adecuadas y mejores para encarar los problemas más frecuentes, de aparición más probable.

Estos cristales de ventana presentan un vidrio teñido con forma de nenúfar, que complementa la función de cuarto de baño de la habitación.

identificación de problemas

Una diagnosis apropiada es el primer paso para encarar cualquier problema, y, como las puertas y ventanas casi siempre conllevan una función y mecanismos de apertura y cierre, muchos de los problemas que aparecen tienen relación con alguna de las diversas formas en las que dicha función se ve entorpecida o impedida. La segunda consideración importante es la de que, aun cuando muchos de los problemas vienen del desgaste general con el tiempo, la mayor parte de los problemas en puertas y ventanas aparecen en las construidas en madera.

Zonas de problemas en las puertas

Hay varias zonas de las puertas donde suelen presentarse los problemas, siendo algunos más serios y de reparación más difícil que otros. Este ejemplo muestra muchas de las zonas y puntos en que los problemas suelen aparecer.

La puerta se atasca en el cabecero. Puede suceder a causa del aflojamiento de una de las bisagras, lo que provoca que la puerta caiga de un lado, haciendo que suba el opuesto. Habrá que retirar la puerta y volver a colgarla, o cepillar los excesos en la parte superior.

La puerta se atasca en los laterales. La mayor parte de las veces está causado por la acumulación de pintura a lo largo de los años. Se requiere, por tanto, un cepillado. Por otro lado, puede deberse a un mal colgado de las bisagras, y por ello necesitará volver a colgarse.

Puertas que se atascan en la base. Normalmente originado por la caída de la bisagra. En puertas exteriores también es frecuente que se deba al hinchamiento de la madera, causado por la penetración de humedades. Habrá que retirar y volver a colgar en las bisagras la puerta, o cepillar la parte inferior de ésta. Por otro lado, también puede deberse a un suelo no uniforme, y, en este caso, la solución puede venir del cambio de las bisagras normales por otras con levante, para que libre al abrir.

PRECAUCIÓN

• *Atascamiento generalizado.* En ocasiones el atascamiento de la puerta puede indicar la existencia de problemas más importantes, tales como el asentamiento de las paredes, que puede desalinear el marco, creando un hueco descuadrado sobre el que debe cerrar la puerta. En caso de dudas, busque el consejo profesional sobre estos asuntos, pero recuerde que este tipo de problemas es relativamente raro y que las causas normales de los problemas de atascamiento de puertas suelen ser los anteriormente explicados.

• *Deformaciones de puertas.* Esto puede aparecer poco después de la instalación, en puertas baratas. Para evitarlo, asegúrese de que las puertas se almacenan planas antes de su montaje y de que se dejan varios días en la habitación en que va a colocarse. Esto permite la aclimatación a las condiciones atmosféricas prevalecientes en el ambiente.

• *Atasco del picaporte.* El movimiento gradual a lo largo del tiempo, o el hecho de haber cepillado muchas veces una puerta vieja para que encaje en el marco, puede hacer que se alcance un punto en que la placa frontal del picaporte sobresalga del canto, no pudiéndose cepillar más éste. Habrá que empotrar aún más el mecanismo del picaporte dentro de la puerta.

• *Unión de bisagras.* Cuando las bisagras no se han remetido dentro del borde de la puerta, o del marco, puede presentarse el hecho de que la puerta no pueda cerrarse contra el tope. Como resultado, la presión puede deformar las bisagras, lo que puede, posteriormente, astillar el borde de la puerta o del marco. En estos casos hay que cambiar la posición de las bisagras.

Zonas de problemas en ventanas de bisagras

Dado que las ventanas de hojas trabajan sobre un mecanismo de bisagras, muchos de los problemas pueden parecer similares a los que sufren las puertas. El atasco de las ventanas de hojas, así como sus causas, puede considerarse similar al indicado para las puertas. Sin embargo, las ventanas siempre tienen un aspecto exterior, y el diagrama de abajo ilustra algunos de los problemas que pueden aparecer.

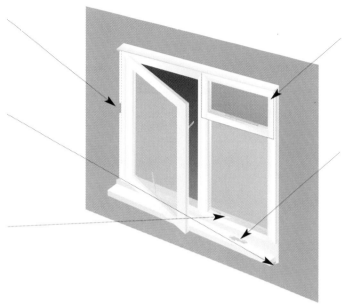

1. Penetración de humedades. El sellador de alrededor de la ventana puede estropearse y necesitar su sustitución.

2. Penetración de humedades. El gotero del vierteaguas está bloqueado, por lo que la humedad se acumula debajo del alféizar y penetra. El gotero debe desbloquearse o cambiar su trazado.

3. Penetración de humedades. El deterioro de la masilla o los junquillos puede permitir el paso de agua por los bordes del cristal. Se requiere su reparación.

Atasco de las hojas de la ventana. Originado por la acumulación de pintura o por hinchamientos causados por la humedad. A veces se debe a problemas en las bisagras. Normalmente se arreglará con un ligero cepillado, aunque, a veces, se necesitará volver a colocar las bisagras.

Podredumbre o infestación. En ocasiones, la podredumbre y/o el ataque de insectos causan problemas en ventanas de madera. Si se descubre a tiempo, pueden tratarse, rellenarse, o sustituirse parcialmente con madera nueva áreas muy pequeñas. Si no se repara a tiempo puede hacerse necesaria la sustitución completa de la ventana.

Zonas de problemas en ventanas de guillotina

Muchos de los problemas en ventanas de guillotina son comunes a los indicados para las ventanas de bisagras. En otras palabras, los problemas de humedades o pudrición son igualmente probables. Sin embargo, hay otra serie de problemas que son específicos de este tipo de ventanas, como se muestra en la figura siguiente.

Problemas de poleas. El movimiento de la ventana puede verse entorpecido por agarrotamientos de las poleas. Un poco de lubricante puede solucionar este problema.

Golpeteos. El tiempo puede hacer que se afloje el junquillo de aristas o las guillotinas mismas, provocando que éstas golpeteen en su marco. Repare los baquetones de arista para solucionar el problema.

Cordajes rotos. El desgaste normal puede provocar la rotura de los cordajes. En este caso se requiere la sustitución de los cordajes para el funcionamiento normal de la ventana.

Bloqueo por pintura. Los problemas de movimientos están causados frecuentemente por la acumulación de pintura en los bordes de la guillotina o a lo largo de los carriles. Habrá que reducir las capas de pintura o desmontar la guillotina para liberarla.

MECANISMOS MODERNOS DE GUILLOTINA

No todas las ventanas de guillotina funcionan con un mecanismo de cordajes, poleas y contrapesos. Algunas ventanas modernas de este tipo tienen un sistema diferente de canales y resortes de equilibrado, que controlan los movimientos de subida y bajada de la guillotina. En caso de atasco, puede requerirse el cambio del mecanismo de equilibrado.

puertas y ventanas que se atascan ⁄⁄

Tras el diagnóstico del problema, resolver los problemas de atascamiento de puertas y ventanas resulta una tarea relativamente sencilla, debiendo elegirse la técnica adecuada para tratar el problema específico encontrado. Como en todos los casos, es mejor comenzar por intentar las soluciones más sencillas, antes de pasar a otras más complicadas y largas.

Soluciones sencillas

En los atascos en los laterales de las puertas, conviene empezar por las soluciones simples, antes de pasar a actuaciones más complejas, que pueden conllevar una eliminación importante de madera de los bordes. En ocasiones, los pequeños cambios estacionales, que responden a los cambios de las condiciones atmosféricas, pueden ocasionar ligeras dilataciones o contracciones de las superficies de las puertas, y una ligera ayuda es todo lo que se necesita.

Herramientas para el trabajo

Vela

Papel de lija o bloque de lijado

Cepillo de carpintero

Sierra de calar

Cuchilla o cúter

1 Frote una vela a lo largo del borde anterior de la puerta. A veces, esta pequeña transferencia de cera sobre el

canto de la puerta puede ayudar a facilitar el funcionamiento, permitiendo que la puerta abra y cierre con facilidad.

2 Si esto no funciona, lije el borde con un papel o bloque de lijado. Comience con el grano más grueso y pase al más fino.

3 Si se requiere facilitar aún más la apertura y cierre, utilice un cepillo de madera y cepille gradualmente el canto de la puerta. Puede no necesitarse el cepillado de toda la longitud del canto, ya que, normalmente, pegará en una zona determinada. Puede identificarse la

zona que pega, cerrando la puerta y haciendo una marca con un lápiz, para mostrar las zonas de obstrucción.

4 Ajuste el cepillo para que se elimine muy poca madera en cada pasada. Vaya abriendo y cerrando la puerta, para vigilar la situación, hasta que se abra y cierre con facilidad. El canto de la puerta puede repintarse.

Consejos profesionales

En ocasiones, la acumulación de pintura en el borde de la puerta debe reducirse para facilitar la apertura y cierre de la puerta. Puede utilizarse un cañón térmico para eliminar los excesos de pintura, en primer lugar, antes de proceder al cepillado para alisar la superficie. La pintura puede, en caso contrario, taponar la hoja del cepillo, dificultando el movimiento a lo largo del canto de la puerta. La eliminación previa del exceso de pintura es, por tanto, una buena opción. Al utilizar el cañón térmico, preste atención a las reglas e instrucciones de seguridad, y no deje nunca un cañón térmico conectado e inatendido.

Atasco en la parte baja de la puerta

Cuando una puerta pega en la parte baja, es mejor utilizar una técnica de marcado, con objeto de indicar cuánta madera hay que eliminar para facilitar el movimiento de la puerta.

Ponga la puerta en posición cerrada. Corte un bloque de madera de altura igual a la holgura deseada entre el suelo y la parte baja de la puerta. Sostenga un lápiz apretado contra la parte superior del bloque, con su punta descansando sobre el borde del bloque. Pase el bloque sobre la superficie del suelo, con el lápiz dibujando sobre la base de la puerta, marcando una línea de guía a lo largo de la parte inferior de la puerta. Ésta puede descolgarse de sus bisagras, y ser recortada hasta esa línea de guía. Para cortes pequeños puede usarse un cepillo de carpintero. En el caso de cortes de importancia, una sierra de calar es la herramienta idónea. Una vez eliminado el exceso de madera, vuelva a colgar la puerta.

Atasco en guillotinas

El atasco de las guillotinas es un problema frecuente, y antes de intentar desmontar los mecanismos, conviene verificar si la guillotina se ha pintado hasta dejarla bloqueada.

Si la ventana se ha pintado hasta impedir su movimiento, es probable que al secar la pintura, queden unidos las hojas y los carriles, impidiendo que abra la ventana. Para solucionar esto, use simplemente un cúter, pasándolo alrededor del borde de la guillotina, rompiendo así la unión o sello, y liberando la ventana, para que pueda moverse de nuevo hacia arriba y hacia abajo.

En ocasiones son los herrajes los que impiden el correcto movimiento de apertura y cierre. Esto suele deberse al mecanismo del pestillo, que sobresale del canto de la puerta, y se aprieta al cerrar contra el marco o la placa de cierre del marco.

Herramientas para el trabajo

Destornillador

Formón

1 Retire las manillas y suelte la placa frontal del mecanismo. En algunos picaportes, esto será un proceso de dos etapas, con una segunda placa frontal cubriendo el pestillo principal.

2 Puede ayudar el empujar hacia fuera el mecanismo, ya que si se había montado correctamente, estará ajustado. Para ello, coloque un destornillador en el agujero del cuadradillo de la manilla y tire hacia

usted por el mando y vástago del destornillador, simultáneamente, para expulsar el picaporte fuera de su encaje.

3 Una vez fuera el picaporte, utilice un formón para rebajar aún más el encastre de la placa frontal. Hágalo poco a poco y sin eliminar demasiada madera. Si hay que eliminar mucha madera, puede tener que volver a situar los orificios para el ojo de la cerradura y para el vástago de la manilla, ya que cualquier ajuste en la placa frontal hará que la posición de las manillas se desplace, alejándose del canto de la puerta.

4 Una vez que ha terminado de eliminar madera en la cantidad deseada, vuelva a colocar la cerradura y verifique que la puerta cierra, antes de volver a fijarla. Recuerde que la manilla no está aún en su lugar y que cuando cierre no podrá abrir el pestillo si no dispone de un destornillador plano, para insertarlo en el picaporte y que actúe como manilla provisional, permitiendo la comprobación de la apertura y cierre de la puerta.

ajuste de puertas y ventanas flojas ⚒

Además de los exasperantes problemas de atascos de puertas y ventanas, hay otros igualmente inconvenientes relativos a puertas y ventanas flojas y que no funcionan correctamente. Mientras los problemas de atascamiento suelen resolverse quitando madera o remetiendo herrajes, los problemas de puertas y ventanas sueltas requieren una solución opuesta, con adición de material para restaurar el correcto funcionamiento.

Ajuste de un cajetín o placa de cierre

Como se explica más adelante, la adición de tiras de madera es una medida extrema, y, en el caso de una puerta suelta, una solución más sencilla es el ajuste de la posición de la placa del cajetín de cierre. Todo lo que suele necesitarse es sacar un poco esta placa del marco de la puerta, para que aloje correctamente el pestillo cuando se cierra la puerta.

ADICIÓN DE MADERA

Cuando hay una gran diferencia entre las anchuras de la puerta y el marco, habrá que añadir madera en los bordes de la puerta. Esta situación sólo puede suceder en circunstancias extremas, o cuando se cambia una puerta que resulta demasiado estrecha para un marco muy ancho. En estos casos, el procedimiento consiste literalmente en el corte de tiras de madera de la anchura y espesor requeridos y atornillarlas al canto de la puerta. Puede necesitarse la unión de tiras en ambos cantos de la puerta, con objeto de mantener un aspecto de equilibrio, especialmente en el caso de una puerta de paneles. Para adiciones pequeñas, puede ser suficiente añadir material en un solo lado. Si intenta esta técnica, recuerde que la precisión es fundamental, con objeto de que las juntas no se noten. Es probable que se requiera un acabado pintado, ya que uno en madera natural hará que resalten las juntas con las tiras añadidas, haciendo que la reparación resulte demasiado obvia.

Herramientas para el trabajo

Destornillador
Tijeras
Cúter

1 Destornille la placa de cierre del cajetín de su sitio en el marco. Puede tener que ayudarse, haciendo una ligera palanca con el extremo de un destornillador de cabeza plana.

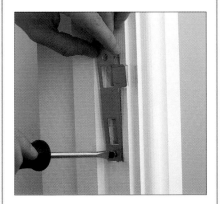

2 Dibuje una línea de guía sobre un trozo de cartón, siguiendo el borde de la placa de cierre.

3 Corte la plantilla de la placa con precisión, con unas tijeras, pero no hace falta que corte la parte ampliada de la placa, ya que, en esta zona, no se requiere colocar el cartón en el rebajo de encastre de la placa.

4 Coloque la plantilla de cartón en el rebajo para el encastre de la placa, recortando según se necesite, para hacer los ajustes finales y montarlo apretadamente y con precisión en su lugar.

5 Vuelva a atornillar la placa de cierre, a través de la plantilla y a los agujeros de fijación existentes.

6 Corte con un cúter los agujeros para alojar el cerrojo y el pestillo. Trate de cerrar la puerta para probar si la nueva posición de la placa de cierre afecta a la posición de cierre de la puerta. Si la puerta sigue suelta, vuelva a retirar la placa y añada otra plantilla de cartón. Continúe añadiendo y verificando hasta que cierre bien.

Puertas que golpetean

Las puertas que golpetean pueden ser un ejemplo de cómo una puerta puede tener un ajuste con holgura, aunque, en este caso, la propia puerta tiene una colocación perfectamente adecuada al marco. El problema real está en el galce de tope de la puerta. En otras palabras, el tope está demasiado alejado del picaporte, de modo que la menor corriente de aire produce el tintineo del pestillo, en lugar de permanecer fija en una posición por la acción combinada del pestillo y el tope. En el extremo opuesto, la puerta puede no cerrar bien si el tope está demasiado adelantado y, con ella, demasiado cerca de la placa de cierre, de modo que la puerta no puede quedar físicamente cerrada en su posición. El remedio a estos problemas es, afortunadamente, muy sencillo.

Herramientas para el trabajo

Formón viejo

Lápiz

Martillo

1 Retire el tope, haciendo palanca cuidadosamente, ayudándose de un formón viejo.

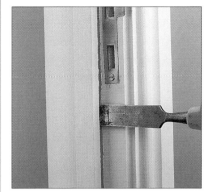

2 Cierre la puerta y marque una línea de guía sobre el marco, a lo largo de la posición idónea en que debe quedar el borde del tope de la puerta, de modo que la puerta cierre fácilmente, pero quede apretada. Vuelva a abrir la puerta y clave el tope en su sitio, siguiendo la nueva línea de guía.

Puede ser necesario desplazar también los topes de la parte superior y del borde de las bisagras del marco. Compruébelo después de haber vuelto a colocar la primera pieza del tope.

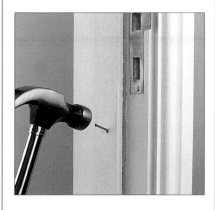

Ventanas de bisagras flojas

Las hojas abribles de ventanas de bisagra también pueden golpetear o estar flojas, a menudo a causa de pequeñas deformaciones y pérdidas de forma, originadas por la edad o el ataque de la intemperie. Esta situación puede corregirse con frecuencia mediante el mero ajuste de los mecanismos de cierre, y, con mayor

precisión, de la posición de las varillas de la ventana. La placa de fijación de una varilla está situada más cerca del borde de las bisagras de la hoja que del de apertura. Esto permite que la ventana se abra más. Si la ventana está deformada, al mover la placa de fijación a una posición más cercana al borde anterior, se tiene un efecto de palanca superior al cerrar la ventana, con lo que la varilla ayuda a mantener la forma de la hoja.

Herramientas para el trabajo

Destornillador

Lezna o lápiz

Taladro/destornillador sin cable

1 Simplemente desatornille la placa de fijación de la varilla de su posición, cercana al borde de las bisagras de la hoja.

2 Vuelva a colocarla, marcando con una lezna o lápiz la nueva posición de la placa. Haga agujeros de guía y atornille la placa en su nueva posición. Normalmente no se requiere cambiar la posición de las clavijas de las varillas.

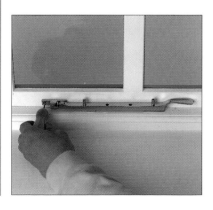

reparación de bisagras

Muchos problemas relacionados con el buen funcionamiento de la apertura y cierre de puertas y ventanas están causados por el fallo de las bisagras, bien sea porque estén mal colocadas o por no funcionar correctamente. A continuación se resumen varios remedios para bisagras que funcionan mal, ya sea en puertas, como en el ejemplo mostrado, ya en ventanas.

Herramientas para el trabajo

Martillo
Cúter
Destornillador
Taladro/destornillador sin cable
Maza de madera
Formón
Lápiz
Tijeras
Sierra
Cepillo de carpintero

Aflojar tornillos que se resisten

Cuando se enfrenta uno a problemas de bisagras, el primer obstáculo a rebasar es el de retirar los tornillos de su sitio. Cuando no se han pintado las bisagras, la retirada de los tornillos suele ser relativamente fácil, pero, en el caso de haberse pintado, la tarea puede ser mucho más difícil.

1 Comience por utilizar la cabeza del destornillador plano para rascar la pintura de la ranura de la cabeza del tornillo. También puede utilizar un cúter.

2 Para facilitar su movimiento, dé algunos golpes con el martillo sobre el destornillador, para romper, aunque sea un poco, la unión del tornillo con la pintura. Si la cabeza del tornillo está demasiado corroída para permitir que se desatornille, puede tener que taladrar encima y utilizar un nuevo anclaje.

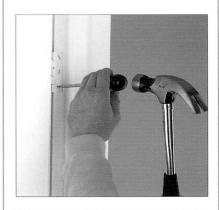

Refuerzo de un anclaje de bisagra

El desgaste general puede dañar las bisagras y hacer que se aflojen sus fijaciones, haciendo que la puerta se mueva y quede descolocada en el marco. El reapriete de los tornillos puede solucionarlo, pero, en muchos casos, el agujero del tornillo se habrá agrandado y el tornillo no agarra. Hace falta, pues, rellenar los agujeros y volver a taladrar los anclajes.

1 Quite la puerta del marco. Haga los agujeros de los tornillos mucho más grandes, taladrando el marco en cada posición de tornillo con una broca adecuada. El tamaño de la broca debe ser similar al diámetro de la clavija de

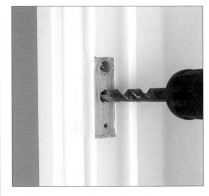

madera que se insertará en los agujeros.

2 Inserte trozos de clavija de madera en los agujeros realizados, asegurándose de que queda con ajuste de aprieto. Aplique algo de cola de madera alrededor de la clavija, antes de introducirlas en su sitio.

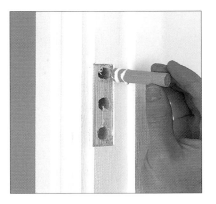

3 Introduzca las clavijas con golpes de la maza de madera, dando golpecitos en ellas hasta haber introducido una longitud considerable en el agujero. Evite utilizar un martillo para esto, ya que puede astillar la clavija. Use un trapo para limpiar cualquier exceso de cola alrededor de cada clavija.

4 Deje secar durante la noche las clavijas, hasta que queden unidas por la cola. Después corte los extremos de las clavijas que sobresalen de la superficie del marco, dejándolas a ras con el marco.

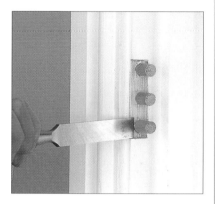

5 Utilizando el revés de una bisagra como plantilla, marque la posición exacta de los agujeros de los tornillos. Esta etapa es particularmente importante si cambia o renueva las bisagras de la puerta.

6 Con una broca delgada, taladre unos agujeros de guía en cada posición recién marcada. Para terminar, vuelva a colocar las bisagras y cuelgue la puerta.

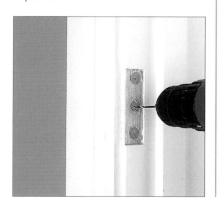

Calzado de una bisagra

De una forma similar al calzado realizado en las placas de cierre, mostrado en la página 118, las bisagras pueden calzarse para que cierren con mayor eficacia. En lugar de introducir una plantilla de cartón, como en el caso de las placas de cierre, se extraen las bisagras y se coloca un calzo de cartón detrás de ellas.

1 Retire la puerta y las bisagras, y corte un trozo de cartón grueso del tamaño del rebajo para encastrar las bisagras. Trate de ser preciso en el corte, para que el trozo de cartón ajuste en el rebajo de la bisagra. Trate de añadir diferentes espesores de cartón, para facilitar el proceso. Como alternativa al cartón, también puede usar contrachapado fino.

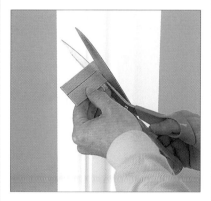

2 Coloque el cartón en el rebajo, antes de volver a colocar las bisagras y la puerta en su sitio. Pruebe la puerta, para comprobar si su cierre ha mejorado. En caso contrario, añada más empaquetadura. Puede resultar que también haya que calzar otras bisagras de la puerta.

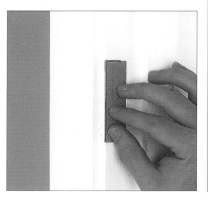

Parcheo de una bisagra quitada

Por diversas razones, puede eliminarse la puerta del hueco o cambiarse las bisagras del lado del marco. Cualquiera que sea el motivo, los rebajos realizados para encastrar las antiguas bisagras tienen que repararse antes de proceder a su pintado. Esto se logra con una técnica sencilla de parcheo, que rellena el rebajo y repara el marco.

1 Después de quitar la bisagra y limpiar la oquedad con un formón, corte un trozo de madera blanda a unas dimensiones lo más parecidas posible a las del rebajo de la bisagra. Compruebe que ajusta bien, antes de poner un poco de cola y colocarlo en el marco.

2 Después de que ha secado la cola, alise la superficie del parche con un cepillo de carpintero, hasta dejarlo liso y a ras con la superficie adyacente del marco. Por último, puede requerirse un rellenado fino, antes de pintar la zona para que quede mezclada con el conjunto del marco.

restauración de ventanas de guillotina – 1 ⫻

El mecanismo tradicional de apertura de las ventanas de guillotina se basa en cuerdas, poleas y un sistema de pesas, que equilibran el peso de la ventana cuando se sube o baja para abrirla o cerrarla. Cuando se trata de renovar o reparar estos mecanismos, el procedimiento puede ser relativamente complejo en cuanto al número de pasos a seguir, pero comparativamente sencillo de hacer si los trabajos se emprenden en el orden correcto. El trabajo de reparación más frecuente consiste en el arreglo de una cuerda rota.

Cómo quitar la hoja para cambiar la cuerda

El equilibrio en las ventanas de guillotina actúa de tal manera que el marco sólo funciona como carril guía para el desplazamiento de las hojas, y éstas se mueven libremente mediante el sistema de cuerdas y poleas, sin otra sujeción al marco. En otras palabras, no hay sujeción sólida o de bisagras entre el marco y las hojas, pero sin embargo, el trabajo de soltarlas de su sitio puede resultar muy complicado.

Herramientas para el trabajo

Formón viejo o destornillador

Martillo

1 Suelte la moldura de arista del marco, usando un formón viejo o un destornillador. Esta moldura va sujeta en su sitio mediante clavos pequeños, de modo que moviendo la posición del formón hacia arriba y hacia abajo por debajo de la unión, se irán aflojando las fijaciones gradualmente y la moldura se soltará. Es importante tener cuidado de no dañar esta moldura ya que habrá que volver a ponerla en su sitio al terminar el trabajo.

2 Quite la cubierta que hay tapando el mecanismo de pesas en el interior del marco. A veces se trata de una chapa de metal que se desatornilla, pero aquí la cubierta está hecha con un panel de madera. Utilice otra vez el formón viejo o un destornillador para soltar y quitar esta cubierta.

3 Retire el peso del interior del marco y también la parte de cuerda rota. En algunos casos puede hacer falta profundizar en el interior del marco hasta encontrar el peso.

4 Saque la hoja de ventana del marco, pero recuerde que cuando se retira el lado de hoja que tiene rota la cuerda, el otro lado todavía permanece unido al marco por su propio sistema de cuerda y peso. Resulta por ello difícil desplazar la hoja hasta una posición fuera del marco, para poder tener libre acceso a la zona a reparar. Lo mejor es manipular un poco la cuerda no dañada para poder dejar la hoja sobre un banco de trabajo junto a la ventana.

5 Una vez que la hoja está fuera, será un buen momento para revisar las poleas y confirmar que estén en buen estado. Aplique algo de aceite a los mecanismos para garantizar una buena lubricación de las partes móviles.

6 Coja un trozo de cordel y átelo a un clavo, y preferiblemente a un clavo curvo. Esto se puede conseguir dando unos cuantos martillazos al clavo.

7 Sujetando el otro extremo del cordel con una mano trate de enhebrar el extremo del clavo curvo en la polea. Si el clavo no entra a la primera, porque es todavía demasiado recto, aumente su curvatura hasta que entre fácilmente.

NUEVOS SISTEMAS DE VENTANAS DE GUILLOTINA

Las ventanas de guillotina han variado un poco en los últimos años con la introducción de nuevos sistemas para equilibrar las hojas, pero el principio de apertura sigue siendo el mismo, pues las hojas se siguen deslizando por los carriles del marco. Las modernas ventanas de guillotina tienen los carriles de pvc o vinilo, y mecanismos de resorte en lugar de los tradicionales. Sin embargo, el sistema de cuerdas y pesos sigue siendo más usual para la apertura de estas ventanas.

8 Una vez que el clavo curvo aparece por el agujero liberado al quitar la tapa del peso, centre su atención en el otro extremo del cordel y ate a él el trozo de cuerda nueva.

9 Lo siguiente es hacer pasar la cuerda nueva por la polea, ayudándose con el cordel al que está atada. Es importante que el extremo de la cuerda esté bien cortado, porque si está deshilachado será mucho más difícil enhebrarlo en el mecanismo de poleas.

10 Tire del otro extremo del cordel para que aparezca la cuerda por el agujero liberado al quitar la tapa del peso. Una vez que tenga la

cuerda, tire de ella hasta que pase por el agujero y quite el cordel.

11 Enhebre la cuerda en el agujero del peso y átela de forma segura. La forma de los pesos puede variar ligeramente, pero lo normal es que la cuerda pase por un agujero situado en la parte superior del peso y que salga por otro situado en un lado, se anude y se vuelva a meter en el agujero lateral para bloquear el nudo en su sitio.

12 En algunos casos, si el peso está pensado para que caiga por el hueco del agujero del marco, será necesario atar un nudo en el otro extremo de la cuerda para impedir que tire de ella a través de las poleas y caiga en el hueco del marco, lo que nos obligaría a iniciar todo el proceso. Haga un nudo sencillo que se pueda deshacer fácilmente cuando se tenga que unir ese extremo de la cuerda a la hoja. Otra forma sería la de atar la cuerda a un destornillador que se puede colocar cerca de la polea y que impedirá que la cuerda se deslice.

restauración de ventanas de guillotina – 2 ⟩⟩⟩

Una vez que tenemos quitada la hoja de la ventana y la nueva cuerda colocada a través de las poleas y en el marco, hay que dirigir la atención a la unión de la cuerda con la hoja y al montaje de ésta en su carril. Una vez más es mejor seguir un orden preciso en las tareas, de manera que la ventana se instale de nuevo correctamente y pueda funcionar perfectamente.

Herramientas para el trabajo

Alicates de puntas

Lápiz

Rotulador para marcar

Tijeras y cúter

Martillo

Pistola de sellador

Sujeción de la cuerda y recolocación de la hoja

Puede ser conveniente revisar el mecanismo del otro lado de la hoja de guillotina, para asegurarse de que el junquillo interior de separación permite que las dos hojas se deslicen con suavidad. Si no, recolóquela mientras la otra hoja está fuera de su sitio antes de ponerse a reparar la hoja que no funciona.

1 Quite los restos de cuerda rota. El método correcto dependerá del modelo de ventana de guillotina. En este caso, hará falta un alicate de

puntas para sacar los restos de cuerda anudada de su sitio en el lateral de la hoja. Si la cuerda va clavada o grapada, utilice los alicates o la uña del martillo para retirar estas fijaciones.

2 Utilice un lápiz para marcar sobre la parte delantera de la hoja que estamos reparando, la posición exacta del agujero de sujeción de la cuerda, situado en un lateral.

3 Vuelva a poner la hoja en el marco y déjela en su posición de máxima apertura, con la parte de arriba de la hoja arriba junto al mecanismo de poleas. Desanude

el trozo de cuerda nueva y sujételo en la posición apropiada de modo que se note la tensión del peso sobre la cuerda, y utilice un rotulador para marcar en la cuerda de al lado la posición del agujero de retención de la cuerda (marcado en el paso 2).

4 Quite la hoja otra vez de su posición en el marco y enhebre la cuerda por la parte de arriba de la hoja, de modo que salga por el agujero de retención, hasta que se vea la marca hecha sobre la cuerda. Este trabajo es mejor hacerlo entre dos personas, de forma que una puede sujetar el peso de la ventana mientras la otra enhebra la cuerda.

5 Ate un nudo sólido en la cuerda a la altura de la marca señalada y deje que se coloque dentro del agujero de retención. Compruebe las medidas otra vez, antes de cortar el exceso de cuerda con unas tijeras o un cúter, una vez que el nudo está totalmente seguro. De nuevo se recomienda hacer esto entre dos personas, una sujeta la hoja mientras la otra anuda y corta la cuerda.

6 Vuelva a colocar la hoja en el carril del marco. Asegúrese de que el mecanismo de deslizamiento funciona bien abriendo y cerrando la hoja unas cuantas veces, poniendo atención en que el movimiento sea suave y que la hoja no se atasque en los carriles. Puede que sea necesario hacer algún pequeño reajuste en la longitud de la cuerda para conseguir una distancia óptima de recorrido de la hoja.

7 Una vez que esté satisfecho con la suavidad del sistema de deslizamiento, se puede volver a poner la tapa del hueco del peso. Las de madera se encajan de nuevo en su sitio con unos golpecitos con el mango del martillo. Sin embargo, tenga cuidado de no dañar esta tapa aunque se acople de forma muy justa, porque realizar bien una nueva recolocación puede ser una tarea muy laboriosa.

8 Se vuelve a colocar otra vez la moldura de arista y se fija con clavos. Este es el momento apropiado para hacer una comprobación del funcionamiento de la ventana en relación con las molduras y junquillos exteriores. Si la ventana tiene tendencia a traquetear, será necesario quitar las molduras y ponerlas un poco más cerca de la superficie de la hoja. Si la hoja queda demasiado justa dentro del carril, hará falta colocar las molduras un poquito más afuera. Después se pueden clavar del todo las molduras.

9 Por último, rellene cualquier agujero que haya sobre las molduras con masilla de relleno y después lije para un acabado más liso, cuando la masilla se haya secado. Ponga una línea de relleno flexible o de masilla entre la moldura y el marco y alíselo con el dedo húmedo.

Las ventanas de guillotina corresponden a una clase atractiva y eficiente, siempre que el mecanismo de desplazamiento de las hojas se mantenga en buen estado.

sustitución de un cristal roto

Los cristales rotos son probablemente uno de los problemas más frecuentes en las casas. Poner un cristal en su sitio es una tarea bastante sencilla, si bien la técnica que habrá que emplear dependerá de la forma en que el cristal se sujete al marco. Normalmente se sujetan mediante junquillos de madera o bien usando masilla, y es precisamente este segundo caso el que se ilustra a continuación.

Herramientas para el trabajo

Martillo

Cuchilla de vidriero

Alicates

Brocha

Espátula para masilla

Cinta métrica

Guantes de protección

Gafas de protección

Sustitución de un cristal sujeto con masilla

1 Recubra el exterior del paño de cristal roto con cinta de carrocero, poniendo cinta sólo sobre la superficie del cristal, sin que se pegue nada sobre la masilla o sobre el marco de madera. Tenga cuidado de no presionar demasiado sobre la superficie del cristal, para no arriesgarse a que se rompa todavía más.

2 Por la parte interior del cristal roto, sujete con cinta adhesiva una bolsa de plástico doblada alrededor del encuadre del cristal. Asegúrese

de que la cinta adhesiva queda perfectamente pegada sin huecos ni agujeros. La bolsa impedirá que entren astillas de vidrio dentro de la casa cuando se quite el cristal roto.

3 Desde el exterior de la ventana, utilice el mango del martillo para golpear el cristal, golpeando hacia dentro y dejando que se suelte de las rendijas del marco. Siempre que lleve a cabo un proceso de este tipo, lleve gafas de seguridad para protegerse de cualquier partícula de cristal u otro escombro que pueda salir despedido.

4 Retire los trozos grandes de cristal y póngalos en un cubo para tirarlos posteriormente. Parte de la masilla que los sujeta

puede caerse durante el proceso y también habrá que tirarla. Retire a mano los trozos sueltos y deje los demás para después.

5 Utilice una cuchilla de vidriero para rascar el borde de las rendijas y retirar los trozos restantes de cristal y escombros. Si no tiene una cuchilla de vidriero puede emplear, con un resultado similar, un formón viejo y un martillo. Retire de las ranuras los clavos viejos, usando unos alicates.

6 Retire la bolsa de plástico y limpie las rendijas. Selle la superficie aplicando una capa de imprimación sobre la madera desnuda de la rendija y sus bordes. Deje secar antes de seguir. Esta capa sella la superficie y proporciona una base para la masilla.

7 Aplique una pequeña cantidad de masilla alrededor de la rendija. Asegúrese de que la masilla se ha trabajado bien con las manos, mezclándola y retirando los grumos antes de aplicarla. El aspecto de la masilla deberá ser similar al de la plastilina manipulada.

ESCOGER EL CRISTAL

Los requisitos de medición se han considerado en las páginas 88-89, pero también es importante tener en cuenta el tipo de marco sobre el que irá instalado. Aunque el ejemplo que se ilustra aquí es una ventana, se usa una técnica similar para las puertas, si bien el cristal que se emplea para puertas es más grueso, y a veces templado, mientras que en las ventanas se pueden usar otros más delgados. Por ello, ya corte usted mismo los cristales o los dé a cortar a un profesional, recuerde que deberá escoger el espesor apropiado para el tipo de paño que se vaya a sustituir.

Consejo de seguridad

La sustitución de un cristal requiere libre acceso a los lados interior y exterior de la ventana. Por tanto, si la ventana está a un nivel superior a la planta baja, asegúrese de emplear el equipo de acceso necesario para trabajar de forma segura en el exterior (págs. 36-37). El cristal roto es muy afilado y difícil de manejar, por lo que deberá llevar guantes y gafas de protección.

8 Apriete el cristal en su posición en el marco, insertando sólo la parte de abajo y aplicando presión sólo cerca de los bordes del paño de cristal. Deje que los bordes se incrusten bien en la masilla y empuje el exceso hacia el interior de la rendija.

9 Clave unos clavos pequeños en la rendija, cerca pero no tocando la superficie del cristal. Esto impedirá que el cristal se desplace una vez que la masilla se seque. Utilice un cartón para proteger la superficie de los golpes del martillo.

10 Aplique otra capa de masilla alrededor de la unión del cristal con su marco. Esta capa deberá ser un poco más generosa que la primera para que se pueda cubrir toda la zona de la rendija.

11 Utilice una espátula para masilla para alisar la superficie de ésta. Coloque el borde de la cuchilla sobre el cristal y presione la masilla hacia el interior de la rendija aplicando una ligera presión sobre la hoja. Puede llevar más de un intento el conseguir un buen acabado. Por último, retire el exceso de masilla de la rendija. Deje secar antes de pintar.

OPCIONES DE SUSTITUCIÓN

Para las ventanas con junquillos de madera, hará falta retirar los junquillos y el cristal roto antes de continuar con la instalación que se describe en las páginas 90-91. Los elementos de doble acristalamiento instalados en marcos de madera requieren un proceso similar, pero en ventanas de pvc se recomienda pedir consejo a un profesional en caso de que haya que cambiar algún cristal.

cristales emplomados ⁄⁄⁄

Algunas ventanas se componen en su totalidad de cristales emplomados, mientras que otras tienen sólo una parte. La técnica consiste en combinar cristales de diferentes colores para formar un dibujo. Reparar trozos rotos es, sin lugar a dudas, un trabajo bastante delicado, que en algunos casos es mejor dejar a profesionales. Sin embargo, siempre que haya un buen acceso a la zona dañada, es más que posible que pueda hacer la reparación usted mismo. Si fuese posible, retire la hoja de ventana primero, para que se pueda reparar sobre una superficie plana.

Reparación de cristales agrietados y que fugan

Las pequeñas grietas en cristales son generalmente indetectables a simple vista, pero se convierten en un problema si no se atienden. Se puede sustituir ese paño de cristal, pero normalmente no hace falta, porque se pueden mantener las condiciones de aislamiento contra la intemperie, simplemente utilizando sellador de silicona para impermeabilizar esas zonas problemáticas.

Herramientas para el trabajo

Cepillo de limpiar

Pistola de sellador

Trapo

1 Limpie cualquier material suelto de la unión del cristal con el plomo y aplique una pequeña pero continua línea de sellador a lo largo de la unión.

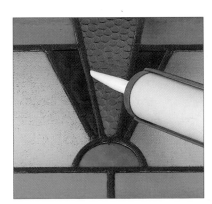

2 Utilice un trapo limpio para quitar cualquier producto sellador del cristal y después alise el sellador para darle un buen acabado. Dé la vuelta a

la hoja de ventana y repita los pasos 1 y 2 en los puntos en que sea necesario. Después se vuelve a colocar la hoja en la ventana correspondiente.

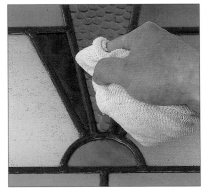

Sustitución de un cristal roto

Herramientas para el trabajo

Cúter

Formón

Gafas de protección

Espátula para masilla

Trapo

1 El método que se explica en la página 126 para quitar un cristal roto, no se puede aplicar para los cristales emplomados, porque dañaría

casi con seguridad el resto de trabajo de plomo, y se necesita además un buen acceso a la rendija de plomo. Primero, corte el sellado de masilla que hay entre el plomo y el cristal, usando un cúter.

2 La naturaleza dúctil del plomo le permite doblar y separar éste de la superficie del cristal para dejar al descubierto el borde del cristal. El formón es la herramienta más apropiada para este trabajo, pero tenga cuidado de que el plomo solamente se doble, en ningún caso se deberá cortar o rasgar.

3 Dé la vuelta a la hoja y repita los pasos 1 y 2, seguidos de otro corte con el cúter alrededor del borde del cristal.

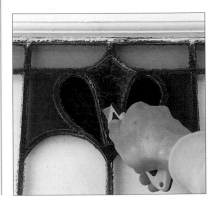

4 Dé otra vez la vuelta a la hoja y golpee suavemente los cristales rotos. Un poco de presión con un trozo de madera es una buena forma de aflojar las zonas que se sueltan con facilidad. Lleve en todo momento gafas de protección por si saltase alguna esquirla de cristal.

5 Aplique una línea fina de masilla alrededor de la ranura y asegúrese de que se cubre toda ella.

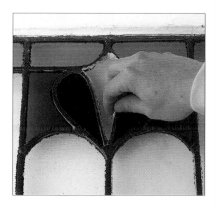

6 Coloque cuidadosamente el nuevo cristal en el hueco, presionando suavemente para que el cristal haga contacto con la masilla.

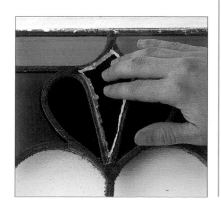

7 Utilice el formón para doblar otra vez el plomo hasta su posición anterior y utilice el lado plano del formón sobre las líneas de plomo para darles la forma que tenían antes.

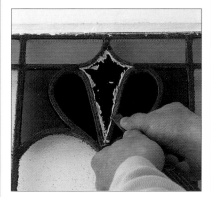

8 Con la espátula de masilla retire el exceso de masilla para dar un acabado limpio a la unión del cristal con el plomo. Por último, limpie el cristal con un trapo limpio.

Las ventanas emplomadas son una opción muy atractiva para una sencilla estructura de hojas con bisagras. El color y el dibujo añaden mucho más al aspecto final.

renovación de metales

La renovación de cristales emplomados ha sido descrita en las páginas 128-129, pero hay otras muchas superficies metálicas en distintas zonas de puertas y ventanas, que, a su vez, pueden necesitar una reparación o renovación. En los diseños de puertas y ventanas está previsto que muchos metales utilizados queden simplemente con acabado metálico, como el latón de los accesorios de puertas y ventanas.

Reparación de ventanas metálicas

Las ventanas metálicas tradicionales siempre han requerido su pintado, pero las ventanas más modernas, que normalmente tienen incorporados vidrios dobles, no necesitan pintarse, y tan sólo se requiere una mera limpieza para su restauración. Sin embargo, con objeto de obtener un acabado satisfactorio en las ventanas metálicas diseñadas para ser pintadas, hay que seguir un procedimiento de preparación fácil, pero necesario.

Herramientas para el trabajo

Rascador

Bloque de lijado

Cepillo de alambre

Brocha para el polvo

Brocha para pintar

1 Elimine toda la pintura floja de la ventana, usando un rascador. Haciendo presión, se podrá eliminar la mayor parte de la pintura suelta de la superficie de los largueros. La punta

del rascador se utiliza para eliminar pintura de las junturas, menos accesibles.

2 Use papel de lija gruesa o un bloque de lijado para suavizar aún más la superficie de la ventana y eliminar, hasta donde se pueda, trazas del antiguo recubrimiento de pintura.

3 Un cepillo de alambres es también útil para la preparación de las zonas no planas de la ventana, como en el canto de las hojas de la ventana, que a menudo presentan un perfil curvo, por lo que el uso del rascador puede no ser apropiado.

4 Dé una imprimación al metal desnudo, usando una imprimación especial para metales, inmediatamente después de finalizar el rascado y lijado. De otro modo, la exposición de la superficie del metal al aire, aunque sea por un periodo corto, puede facilitar el inicio de la corrosión. Tras aplicar la imprimación, pueden darse sendas manos de capa inferior y de capa superior.

Sustitución de la masilla

En los sitios en que se ha descompuesto o aflojado la masilla de la unión entre el vidrio y la ranura, hay que eliminar la zona afectada, reemplazando la masilla por una nueva. Antes de aplicar la nueva masilla, asegúrese de que la ranura está limpia de polvo y restos, y que se ha dado una imprimación para metales. Esto mejorará la adherencia entre la masilla y las ranuras de la ventana. La masilla se pone mediante una técnica similar a la utilizada para las ventanas de madera, explicada en las páginas 126-127

Uso de un cañón térmico

Las superficies planas de ventanas metálicas son idóneas para la utilización de un cañón de aire caliente para decapar la pintura vieja, por lo que este es un método adicional a los expuestos anteriormente. Si elige la utilización de este aparato, recuerde que debe seguir las instrucciones del fabricante y respetar las instrucciones de seguridad.

Seguridad en las ventanas metálicas

Si no se dispone previamente de sistemas de seguridad, conviene instalarlos como parte de la renovación de las ventanas metálicas. Hay disponibles mecanismos especiales de cerraduras par ventanas metálicas, que cubren tanto las varillas y clavijas de cierre, como las fallebas, como se muestra en el diagrama siguiente.

Cerradura unida al bastidor metálico, usando tornillos de rosca chapa.

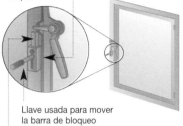

Llave usada para mover la barra de bloqueo

Barra bloqueada en posición, debajo del cierre o falleba

También pueden comprarse otros sistemas patentados para bloquear en posición las varillas de cierre. Estos son similares a las varillas de bloqueo de las ventanas de madera, mostradas en la página 95. Recuerde que conviene guardar las llaves en un lugar seguro, al que pueda accederse con facilidad en caso de emergencia. Idealmente, debe haber una llave en cada habitación.

Repintado de herrajes de ventanas

Los herrajes de las ventanas de madera suelen ser metálicos. Los de latón, que proporcionan por sí mismos un acabado atractivo, no deben pintarse, pero, en otros casos, puede reavivarse el aspecto de los herrajes mediante su pintado. Algunos de los herrajes pueden estar ya pintados y la forma en que agarra una nueva capa de pintura sobre una superficie varía. Conviene, pues, probar sobre un elemento de la guarnición de la ventana, antes de proceder al pintado

de todos. Sin embargo, la mayor parte de las veces, estos elementos pueden pintarse, obteniendo un buen efecto. El mejor método de pintado suele ser el de los aerosoles.

Herramientas para el trabajo

Destornillador

Cepillo de alambre

1 Quite siempre los herrajes de la ventana y límpielos con un estropajo de alambre fino.

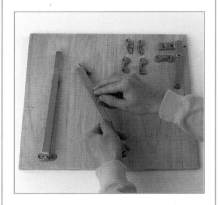

2 Coloque las varillas y fallebas sobre un tablero, y, manteniendo la boquilla del aerosol a 15-20 cm de los herrajes de la ventana, rocíe varias capas finas de pintura.

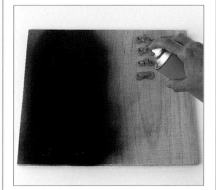

3 Una buena forma de pintar las cabezas de los tornillos, es la de insertarlos en una esponja vieja, con la cabeza hacia arriba, y

rociarlos en la forma normal. Tras su secado, los herrajes pueden volver a instalarse.

Accesorios de latón

Muchos accesorios de ventana son de latón, o con acabado de latón. Para una limpieza minuciosa, siempre conviene desmontar el dispositivo de que se trate de su posición en la ventana o puerta, ya que los pulimentos especiales pueden dañar otras superficies de la puerta o ventana. Utilice siempre un trapo suave limpio en el pulimentado del latón.

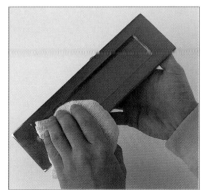

Hierro forjado

Muchos accesorios de puertas y ventanas están hechos de hierro forjado, y terminados con una capa fina negra. Pueden ser reavivados mediante una simple preparación y repintado. En el caso de piezas especialmente corroídas, sumerja la pieza en un decapante de pinturas durante una noche, antes de proceder a un aclarado cuidadoso y a su repintado al día siguiente.

reparación de un alféizar 🔨🔨🔨

Además de estar expuesto a los elementos, el alféizar está especialmente sometido a la agresión de la intemperie, debido a su función de recoger la escorrentía de la ventana y evacuarla fuera de la superficie de la pared exterior de la casa. A causa de esta exposición más directa a las humedades, el deterioro de los alféizares puede ser más acusado. Si no se tratan los daños rápidamente, la pudrición puede extenderse a otras partes de la ventana, pudiendo conllevar una reparación excesiva o la sustitución completa de la ventana.

Reparaciones menores

Herramientas para el trabajo

Cuchilla de vidriero

Brochas para el polvo y para pintar

Taladro/destornillador sin cable

Guantes de protección

1 Quite los materiales sueltos del alféizar con ayuda de una cuchilla de vidriero. Dé una limpieza a la zona con una brocha.

2 Aplique una capa generosa de endurecedor de madera a la madera desnuda del alféizar,

asegurándose de aplicar una buena cubrición, inundando la zona y dejando que el endurecedor empape la madera.

3 Después de que haya secado el endurecedor para madera, mezcle algo de masilla de relleno y aplíquela en los agujeros, comprimiéndola en cada rendija. La masilla de rellenar madera es poco trabajable y seca rápidamente; por ello, conviene aplicarla en varias capas delgadas, hasta llegar al nivel del alféizar.

4 En una zona directamente adyacente a la zona rellenada, en una parte sana del alféizar, haga varios taladros con una broca de diámetro igual al de las pastillas de conservación.

5 Inserte en los agujeros taladrados pastillas de conservación, empujándolas profundamente en el interior del alféizar. Use guantes de protección, ya que las pastillas de protección son muy tóxicas, por lo que debe evitar todo contacto con ellas.

6 Mezcle algo más de relleno y rellene los agujeros de introducción. Una vez que haya secado todo el relleno, el alféizar puede lijarse hasta lograr un acabado suave y, a continuación, pintarse. Con el tiempo, las pastillas se romperán, y segregarán una disolución protectora en el interior del alféizar. Por ello, la combinación del endurecedor de madera y de las pastillas, actuando conjuntamente, proporcionarán una doble protección frente a un posible deterioro adicional.

Reparaciones importantes

En ocasiones, el deterioro del alféizar es tal que el endurecedor y las pastillas de conservación son ineficaces y hay que acometer una acción de más envergadura.

Herramienta para el trabajo

Destornillador viejo

Lápiz

Escuadra de combinación

Serrucho

Taladro/destornillador sin cable

Brocha

Cepillo de carpintero

1 Decida los límites de la zona deteriorada, insertando un destornillador en el alféizar. Donde éste esté podrido, el destornillador penetrará con facilidad. Si está sano, el destornillador no romperá la superficie del alféizar.

2 Marque los límites de la zona podrida, ampliando algo la zona, sobre la madera sana. Trace la línea de

modo que la sección producida corte el alféizar con un ángulo de 45°.

3 Comenzando en el frontal del alféizar, sierre a lo largo de la línea oblicua, hasta la otra línea de guía del alféizar. Mantenga el corte tan vertical como sea posible.

4 Sierre a lo largo de la otra línea de guía, hasta llegar al corte anterior. La sierra estará, probablemente, muy cerca de la pared, lo que puede dificultar la acción de serrar. Haga un corte lo más derecho posible.

5 Use la parte eliminada en el corte para marcar, en una pieza nueva, las dimensiones de la pieza de recambio. Esta pieza debe tener unas

dimensiones ligeramente superiores a las del trozo cortado, de modo que, una vez montado y ajustado, pueda ser cepillado y lijado para obtener la forma del alféizar.

6 Sierre la nueva pieza al tamaño marcado y pretaladre agujeros en el nuevo lado frontal del alféizar. Use brocas de avellanar para abrir la entrada de los tornillos. Dé conservante para madera en el corte que ha quedado en la pieza antigua, y asegúrese de que la nueva ha sido tratada adecuadamente con conservante, antes de montarla en el alféizar de la ventana.

7 Atornille la nueva pieza en su lugar, comprobando que los tornillos agarran firmemente en la parte vieja sana del alféizar. Complete el ajuste final, cepillando las superficies. Use relleno de madera para cubrir las juntas y los agujeros de los tornillos. Antes de pintar, pueden necesitarse varias manos de relleno, con lijado y limpieza posterior, usando un trapo impregnado de trementina, con objeto de lograr el mejor acabado.

restauración de una puerta de entrada

Las puertas exteriores experimentan, claramente, mayor castigo y desgaste que las interiores, mucho de lo cual se debe a la exposición a la intemperie. Por ello hay que mantenerlas en un buen estado general. Asegurarse de que las superficies están bien pintadas o barnizadas, y, por consiguiente, conservadas, es el mejor método para prevenir los problemas, pero también hay otras maneras estructurales de protección de las puertas.

Adición de una moldura de vierteaguas

Las molduras de vierteaguas son partes de madera con pendiente, diseñadas para facilitar que la escorrentía se aleje de la base de una puerta exterior. Si la puerta exterior no dispone de este elemento en su origen, puede añadirse con posterioridad.

Herramientas para el trabajo

Lápiz
Cinta métrica
Nivel
Formón
Mazo de madera
Serrucho
Taladro/destornillador sin cable
Brocha

1 Con la puerta cerrada, coloque un recorte de la moldura del vierteaguas contra el marco de la puerta. Marque con un lápiz el perfil de la moldura en la jamba del marco, en el lado de las bisagras. Repita esto último en el lado anterior o de apertura del marco. En ambos casos, compruebe que la moldura queda ligeramente por encima de la tira del vierteaguas de la peana del marco.

2 Trace a lo ancho de la puerta una línea de guía a nivel, uniendo las dos partes superiores de las marcas realizadas del perfil de la moldura. Aquí puede necesitarse algún ajuste si la puerta está deformada o no está colgada correctamente de las bisagras. Sin embargo, cualquiera que sea el ajuste realizado, la moldura debe quedar algo por encima de la tira que forma el vierteaguas del marco.

3 Rebaje con un formón, siguiendo las líneas de guía, hasta llegar a los montantes principales de las jambas. Un formón pequeño es idóneo para ello, ya que podrá seguirse la línea de guía del perfil curvo con mayor precisión.

4 Sierre la moldura del vierteaguas a la longitud requerida, y sujétela en su posición, con la puerta aún cerrada. Taladre agujeros de guía a través de la moldura del vierteaguas y en la pared de la puerta. Desde el punto de vista visual, es mejor hacer los taladros en la parte cóncava de la moldura. Se taladrarán cinco o seis agujeros piloto, equidistantes a lo largo de la moldura.

5 Antes de fijar en su sitio la moldura del vierteaguas, pinte su parte inferior con una imprimación de buena calidad. La imprimación debe ser previa a la colocación, ya que una vez en su sitio, el acceso a esa parte

será imposible, y esa cara inferior es particularmente vulnerable al ataque de las humedades.

6 Tras su secado, vuelva a colocar la moldura en su sitio y fíjela. Compruebe que los agujeros piloto se han avellanado, de modo que cuando se insertan los tornillos sus cabezas queden por debajo de la superficie de la moldura. Los agujeros pueden rellenarse y lijarse antes del pintado. Compruebe el funcionamiento de la puerta, pues puede tener que cepillar un poco en el borde anterior de la moldura, de modo que la puerta abra y cierre con suavidad sobre el marco.

Problemas del marco

Herramientas para el trabajo

Cinta métrica
Lápiz
Serrucho
Palanqueta
Brocha
Taladro/destornillador sin cable
Martillo

Muchos problemas de deterioro en puertas exteriores suelen aparecer con mayor frecuencia en los marcos que en las propias puertas. Esto suele ocurrir por la penetración de humedad, que se extiende hacia arriba por el cuerpo principal. En este caso se hace necesario el corte de las partes afectadas y su sustitución con una nueva sección de madera.

1 Determine hasta dónde se extiende hacia arriba en el marco la pudrición, y haga un corte en diagonal un poco más allá, en una zona sana.

2 Es probable que la sección de marco que se elimina aloje los anclajes de las bisagras en el marco, por lo que puede necesitar una palanqueta para liberar esa parte.

3 Use la sección descartada como plantilla para trazar una línea de guía en una pieza de madera nueva, de sección igual a la del marco antiguo. Asegúrese de que la nueva pieza está adecuadamente tratada con conservantes.

4 Sierre la pieza al tamaño correcto y colóquela en el marco. Haga agujeros en algunos puntos de fijación, de modo que al menos una de las fijaciones atraviese la junta en diagonal que unirá la parte antigua con la nueva.

5 Atornille en su sitio la nueva sección. En este caso se utilizan tornillos de anclaje al hormigón, pero también pueden utilizarse anclajes de marco estándar, con tacos en la pared.

6 Corte a su tamaño y monte la sección eliminada de tope de la puerta. Fíjela en su lugar con puntas. Rellene, lije e imprima toda la zona, antes de proceder a su pintado.

glosario

Abierto: Diseño de vivienda en el que las habitaciones son espaciosas, o en el que habitaciones pequeñas se unen para formar otra más grande.

Acrílica: O al agua. Término referido a la naturaleza de una pintura o barniz.

Aglomerado: Material de suelos hecho de fibras de madera compactadas. Se suministran en hojas, normalmente unidas mediante uniones machihembradas.

Anclaje de pared: Unen las capas exterior e interior de una pared con cámara de aire.

Anclaje para hormigón: Tornillo diseñado para fijarse a la albañilería, sin necesidad de utilizar tacos.

Asentamiento- Son problemas serios de los cimientos, que provocan fisuras y movimiento de la estructura de la casa.

Baño incorporado a la habitación, o en suite: Término usado normalmente para baños adyacentes a la habitación. A veces realizado mediante una partición con un tabique de montantes de madera en una habitación amplia, o convirtiendo en baño una habitación pequeña que se une luego a la habitación principal.

Borde o canto anterior: Borde vertical de puertas y ventanas más alejado de las bisagras.

Caja de registro o de conexiones: Caja en la que se unen cables eléctricos.

Cajetín o placa de golpeo: Placa de metal situada en el marco de una puerta. Aloja el pestillo y el cerrojo, en su caso, cuando se cierra la puerta.

Cámara de aire, pared: Pared compuesta de dos capas, o lo que es lo mismo, dos paredes separadas por una cavidad o cámara de aire. Se usa generalmente en las paredes exteriores de casas modernas.

Cantonera: Tira de metal en ángulo recto, usado para formar un perfil afilado en las esquinas exteriores, antes de enlucir.

Cañamazo: Cinta de uniones tradicional, usada en uniones de hojas de cartón-yeso.

Cartón-yeso: Capa de yeso compactada, formando un sándwich, entre dos hojas de papel grueso. Se fabrica en hojas y se usa como un tablero estándar de construcción, para enlucir o forrar en seco.

Cerrojo de pestillo o cerradura dormida: Sistema de cerradura de la puerta, que requiere de una llave para su apertura. En ocasiones se necesita poner la llave en posición de cierre, en tanto que en otras puede cerrarse sin llave, pero siempre necesita llave para abrir.

Cinta de rejuntar: Cinta usada en las uniones de hojas de cartón-yeso, previamente al forrado en seco o al enlucido. Las hay autoadhesivas.

Colgador de vigueta: Soporte metálico usado para soportar el peso y mantener la posición de la vigueta, en las estructuras de techo.

Contrachapado: Hojas delgadas de madera, unidas en sus caras para formar un tablero de construcción. Las vetas en capas alternas suelen estar formando un ángulo recto entre sí.

Detector de viguetas: Dispositivo sensor, usado para detectar la posición de las viguetas en suelos y paredes. Algunos disponen de una posición que permite determinar el recorrido de cables eléctricos y tuberías.

Dintel: Soporte insertado sobre las ventanas, puertas y huecos de paso en las paredes.

Disolvente, con base de: O al aceite. Término utilizado para cierta naturaleza de pinturas y barnices.

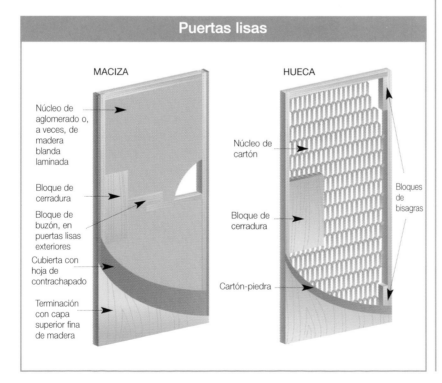

Puertas lisas

MACIZA

Núcleo de aglomerado o, a veces, de madera blanda laminada

Bloque de cerradura

Bloque de buzón, en puertas lisas exteriores

Cubierta con hoja de contrachapado

Terminación con capa superior fina de madera

HUECA

Núcleo de cartón

Bloque de cerradura

Cartón-piedra

Bloques de bisagras

Enfoscado: Recubrimiento con base de mortero, usado en interiores como capa inferior para el yeso en paredes de bloques sólidos. En exteriores puede usarse para las superficies de acabado, dejadas sin pintar o pintadas, según se prefiera.

Enlucir (última capa): Dar la última capa de yeso del enlucido a una superficie de pared.

Escudo: Placa pequeña de metal usada para la terminación decorativa del ojo de la llave. Puede tener una cubierta por razones de privacidad.

Esquina exterior: Las esquinas que se proyectan hacia la habitación.

Esquina interior: Las esquinas que apuntan hacia fuera, mirando desde el centro de una habitación.

Forrado en seco: Técnica que combina el uso del cartón-yeso y compuesto de rejuntar para crear superficies de pared o de sellado, listas para ser decoradas. La masilla de rejuntar se usa para rellenar las zonas entre hojas de cartón-yeso

Gozne: Nombre genérico para las bisagras

Guillotina, ventanas de: Tipo de ventana o una parte de este tipo de ventana.

Hojas de ventana: Parte de la ventana, y tipo de ventana con bisagras. Pueden tener hojas que se abren y hojas fijas.

Inglete: Unión en ángulo, normalmente de dos tramos de madera, que forman un ángulo recto, estando la junta formando un ángulo de 45°.

Introducir en ángulo: Método de clavar o atornillar, formando un ángulo a través de la madera o la albañilería para fijar mejor.

Listones: Antiguamente se utilizaban listones para cubrir la tablazón de las paredes de montantes, en lugar de las hojas de cartón yeso. Los listones enyesados eran como pequeñas hojas de cartón-yeso.

Luz: Otro nombre dado a las hojas de las ventanas. Se usa normalmente en partes pequeñas de las ventanas, ya sean fijas o abribles.

Manilla de palanca: Manilla diseñada como una barra horizontal que se baja para abrir el mecanismo del pasador.

Marco o cerco de puerta interior: Bastidor de madera que forma la parte interior del marco de la puerta.

Masilla de relleno o calafateo: Material flexible de relleno, suministrado en tubos y dispensado mediante una pistola de sellador. Hay que alisarlo a su acabado, antes de que seque. Normalmente acrílica o al agua.

Masilla o compuesto de rejuntar: Similar al yeso o la masilla de rellenar, y utilizada en las holguras entre hojas de cartón-yeso al realizar un forrado en seco.

Mdf.: Tablero de construcción de aglomerado de fibras de densidad media.

Medianera: Pared compartida por dos casas diferentes.

Moldura de marco o tapeta: Moldura decorativa de madera que rodea el marco de la puerta o del hueco de paso, para proporcionar un buen acabado.

Moldura: Tramo de yeso o madera usado como detalle para proporcionar un acabado decorativo, tanto en superficies de puertas como de paredes.

Montante: Tablones verticales de soporte de madera, usados en la construcción de paredes de montantes.

Nivel dividido: Cuando hay un escalón dentro de una habitación, ya sea en el suelo o en el techo.

Palanca del pestillo o picaporte: Mecanismo de pasador o puerta accionada por manilla de palanca.

Paredes o tabiques de montantes: Pared con estructura de tablazón de madera, cubierta por hojas de cartón-yeso, usadas como tabiques de partición en casas. Se acaban mediante enlucido o forrado en seco.

Picaporte de cerrojo: Mecanismo de picaporte en el que se ha instalado un cerrojo en la misma caja del mecanismo del pasador.

Dinteles y vigas de apuntalamiento

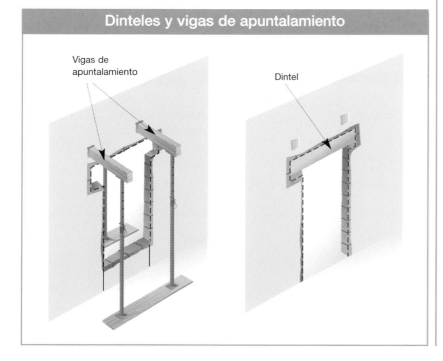

Vigas de apuntalamiento

Dintel

Pintado de esquinas: Pintado delicado de las esquinas, las junturas de la pared, o entre la pared y la madera, como en las molduras del marco.

Placa de cabecero: Travesaño horizontal de madera que proporciona un punto superior de fijación a la tablazón de una pared de montantes.

Plancha de solera: Tablón de madera que crea la base del suelo en una pared de partición o hueco en la pared.

Plastificante: Aditivo que se añade al mortero y hormigón para facilitar su uso.

Propietaria, patentada o especial: Se refiere a materiales, herramientas o técnicas específicas de un fabricante o grupo de fabricantes.

Puertas lisas: Tipo de puerta, disponible tanto en versiones maciza, como hueca.

Pulimentado o pulido: Técnica de acabado de una superficie enlucida, usando una paleta de enlucir o un fratás.

PVA: Acetato de polivinilo. Es un adhesivo polivalente utilizado para unir o estabilizar superficies. Usado en formas concentrada y diluida.

PVC: Cloruro de polivinilo. Término de un material usado en estructuras de ventanas. Sin embargo, las ventanas modernas de este material suelen denominarse de UPVC, en donde la u viene de "unplasticised" o no plastificada. Este material moderno no se degrada en cierto modo, como les ocurría a algunas ventanas de PVC.

Resbalón, o pestillo o pasador: Palanca retráctil que permite la apertura y cierre de la puerta.

RSJ: Viguetas de acero estirado. Constituyen en esencia dinteles de gran resistencia, usados principalmente cuando se elimina un muro de carga, al convertir dos habitaciones en una.

Sellador: Cualquier silicona o mastique en tubos, usado para sellar juntas, como las existentes entre paredes y marcos de ventanas.

Tope o galce de tope de la puerta: Tira de madera que recorre la parte interna del marco de la puerta y forma una barrera contra la que cierra la puerta.

Travesaño de refuerzo: Pequeño tramo de madera usado en estructuras de techos, paredes y suelos para reforzar la estructura de las viguetas o montantes.

Vástago o cuadradillo: Barra metálica, normalmente de sección cuadrada. Se extiende de un lado a otro de la puerta a través de la caja del mecanismo del picaporte. Las vigas de apuntalamiento se sujetan en sus extremos mediante puntales metálicos.

Vigueta: Viga pequeña de madera utilizada en techos y suelos.

Zócalo o rodapié: Moldura decorativa de madera, instalada en la base de la pared.

Ventanas de PVC y de guillotina

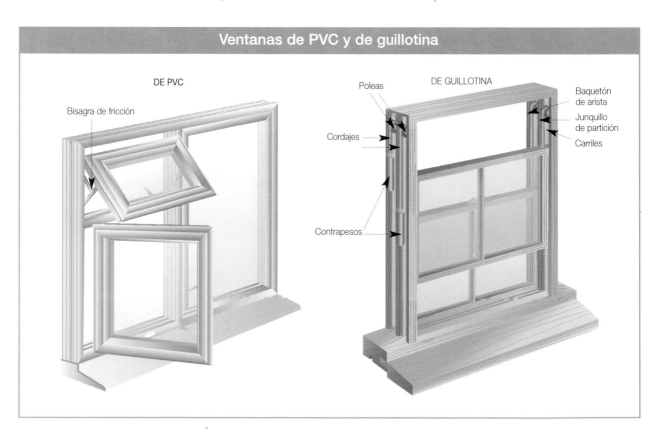

DE PVC

Bisagra de fricción

DE GUILLOTINA

Poleas

Cordajes

Contrapesos

Baquetón de arista

Junquillo de partición

Carriles

índice

índice

140

los autores

Julian Cassell y Peter Parham han dirigido su propio negocio de construcción y decoración durante varios años, habiendo renovado con éxito gran variedad de pequeñas y grandes propiedades en el Reino Unido. Estos autores premiados han escrito varios libros, que cubren todos los aspectos del bricolaje, y su aproximación innovadora al problema les ha convertido en invitados populares de programas de televisión y radio.

agradecimientos

Los autores desearían agradecer a las personas siguientes por proporcionarles apoyos, consejos y ayuda en general en la producción de este libro: Adrian Moore, Steve Harris, Nick Pennison, Gary Woodland, Michael y Sue Read, Mike O'Connor, Craig Rushmere, John y Margaret Dearden y June Parham.

Murdoch Books (UK) querría ampliar su agradecimiento especialmente a: Angela Newton, Laura Cullen, Helen Taylor, Natasha Treloar, Joanna Chisholm e Ian MacGregor, por su gran profesionalidad y su capacidad por resolver sin errores todos los problemas que han tenido que afrontar.

Una vez más, Tim Ridley y Katrina Moore han conseguido que la asistencia a las sesiones fotográficas fuera un placer. Muchas gracias a ellos por sus muchas horas, su buen humor y la paciencia mostrada a lo largo de todo el proyecto. Por último, muchas gracias a Adele Parham por alimentar a las tropas en el momento necesario y estar siempre a mano para aconsejar a dos autores maniáticos.

Todas las fotografías son de Tim Ridley y sus derechos de Libros murdoch UK Ltd excepto: pág.8 abajo derecha (Murdoch Books®/Meredith), págs.10 y 11 (Murdoch Books®/Meredith), págs.22 y 23 (Murdoch Books®/Meredith), págs.24 y 25 (Elizabeth Whiting Associates), pág.30 (Corbis), pág.31 abajo izquierda (Corbis), págs.32 y 33 (Corbis), pág.67 foto principal (Elizabeth Whiting Associates), págs.78 y 79 (Magnet Limited), págs.91 foto principal (Magnet Limited), págs.98 y 99 (Murdoch Books®/Meredith), pág.100 abajo izquierda (Murdoch Books®/Meredith), pág.100 arriba derecha (Elizabeth Whiting Associates), pág.101 arriba izquierda (Murdoch Books®/Meredith), pág.101 abajo izquierda (Elizabeth Whiting Associates), pág.109 foto principal (Elizabeth Whiting Associates), págs.112 y 113 (Murdoch Books®/Meredith), pág.125 foto principal (Elizabeth Whiting Associates), pág.129 foto principal (Murdoch Books®/Meredith).